EDITORA DO CONHECIMENTO

Auxiliando a humanidade a encontrar a Verdade

O EVANGELHO DO DIA

O Evangelho do Dia

Volume 5

Allan Kardec

CONHECIMENTO EDITORIAL LTDA.
Rua Prof. Paulo Chaves, 276 - Vila Teixeira Marques
CEP 13480-970 – Limeira – SP
Fone/Fax: 19 3451-5440
www.edconhecimento.com.br
vendas@edconhecimento.com.br

Tradução: Julieta Leite
Edição de texto: Margareth Rose Fonseca Carvalho
Organização e formatação: Dalmo Duque dos Santos
Ilustração da Capa: Banco de imagens
Projeto Gráfico: Sérgio Carvalho

ISBN 978-857618-245-0 – 1ª Edição - 2011

• Impresso no Brasil • Presita en Brazilo

Produzido no departamento gráfico da
EDITORA DO CONHECIMENTO
Fone: 19 3451-5440
e-mail: conhecimento@edconhecimento.com.br

Dados Internacionais de Catalogação na Publicação (CIP)
(Câmara Brasileira do Livro, SP, Brasil)

Kardec, Allan, 1804 - 1869.
O Evangelho do Dia, volume 5 / Allan Kardec ; organização e formatação Dalmo Duque dos Santos ; [tradução Julieta Leite]. - 1. ed. - - Limeira, SP : Editora do Conhecimento, 2011.

ISBN 978-857618-245-0

1. Espiritismo 2. Evangelho I. Santos, Dalmo Duque dos. II. Título

CDD – 133.9

Índices para catálogo sistemático:
1. : Espiritismo : 133.9
2. Evangelhos : Exegese espírita 133.9

Allan Kardec

O EVANGELHO DO DIA

Volume 5

Organização e formatação:
Dalmo Duque dos Santos

1ª edição
2011

EDITORA DO CONHECIMENTO

Sumário

Apresentação

Caro leitor,

Este guia foi idealizado para facilitar a leitura, a reflexão e a reforma moral com base nos temas de *O Evangelho Segundo o Espiritismo*, ilustrados por questões de *O Livro dos Espíritos* e, eventualmente, de *O Livro dos Médiuns*.

Os conceitos do item **Vida Plena**, que é o Evangelho na prática, foram extraídos de diversas obras e experiências que procuram diferenciar o **pensar**, o **sentir** e o **agir** na transformação do comportamento humano. Essa dinâmica reflexiva é muito rica, tanto na aplicação individual como em grupo. Quando praticada, é necessário obedecer as etapas progressivas de autoconhecimento:

O que **penso** a respeito deste assunto?
Que **sentimento** tenho sobre o tema proposto?
Estou **disposto a mudar** minha forma de pensar, sentir e agir?
Por onde posso **começar** essa mudança?

Fé inabalável é somente aquela que pode encarar a razão de frente, em todas as eras da humanidade.

***

Os espíritos do Senhor, que são as virtudes dos Céus, tal qual um imenso exército que se põe em movimento ao receber um comando superior, posicionam-se por toda a superfície da Terra, e, como estrelas cadentes, vêm iluminar o caminho e abrir os olhos dos cegos.

Em verdade vos digo, são chegados os tempos em que todas as coisas devem ser restabelecidas em seu verdadeiro sentido, a fim de dissipar as trevas da ignorância, confundir os orgulhosos e glorificar os justos.

As grandes vozes do Céu ecoam como o som da trombeta, e os coros dos anjos a elas se juntam. Homens, nós vos convidamos a participar deste divino concerto! Que vossas mãos tomem a lira; que vossas vozes se unam, e, num hino sagrado, se façam ouvir e vibrar de um extremo ao outro do Universo!

Homens, irmãos a quem amamos, estamos junto de vós! Amai-vos também uns aos outros, e, fazendo a vontade do Pai, que está no Céu, clamai do fundo do vosso coração: "Senhor! Senhor!". Então, podereis entrar no reino dos Céus.

O Espírito de Verdade

Segunda-feira

Capítulo I
NÃO VIM REVOGAR A LEI (I)

INTRUÇÕES DOS ESPÍRITOS
A NOVA ERA

9. Moisés foi o espírito que o Deus único enviou em missão à Terra, a fim de torná-Lo conhecido não só entre os hebreus, mas também entre os pagãos. O povo hebreu foi o instrumento de que Deus Se serviu para revelar-Se aos homens, por intermédio de Moisés e dos profetas. Os infortúnios e sofrimentos por que passavam os hebreus tinham como objetivo impressionar os homens e, com isso, fazer cair o véu que lhes ocultava a Divindade.

Os mandamentos de Deus transmitidos por Moisés trazem em si a essência da mais ampla moral cristã. E embora os comentários da ***Bíblia*** lhes restringissem o sentido, pois, se colocados em prática em toda a sua singeleza não teriam sido compreendidos na época, nem por isso deixaram de ser uma espécie de farol reluzente que deveria guiar a humanidade no caminho da evolução.

A moral ensinada por Moisés era apropriada ao estágio de evolução em que se encontravam os povos chamados à regeneração. Semisselvagens quanto ao aperfeiçoamento da alma, eles não compreendiam que se pudesse adorar a Deus de outro modo que não fosse sacrificando vítimas, e muito menos que se devesse perdoar um inimigo. Embora notáveis sob o ponto de vista material, e mesmo em relação às artes e às ciências, eram muito atrasados quanto à questão moral e, portanto, não tinham condições de entender uma religião inteiramente espiritual. Por isso, precisavam de uma representação semimaterial, como a que lhes oferecia a religião hebraica. Assim, os sacrifícios lhes impressionavam os sentidos, ao passo que a idéia de Deus lhes falava ao espírito.

Jesus foi o iniciador da mais pura e mais sublime regra de conduta: a moral evangélico-cristã que deve renovar o mundo, aproximar os homens e torná-los irmãos; que deve fazer brotar de todos os corações a caridade e o amor ao próximo, e despertar entre todos a solidariedade. Enfim, de uma moral perfeita que deve transformar a Terra e fazer dela uma morada para espíritos superiores aos de hoje. É a Lei da Evolução, à qual a natureza está submetida, que se cumpre. E o *espiritismo* é a alavanca de que Deus Se serve para fazer a humanidade progredir.

São chegados os tempos em que as idéias morais devem se fortalecer para que haja o progresso previsto nos desígnios de Deus. Elas devem trilhar o mesmo caminho percorrido pelas idéias de liberdade que lhes antecederam. Não se deve crer, porém, que esse avanço ocorra sem conflitos. Não! Para que amadureçam, elas precisam de muitas discussões, a fim de atrair a atenção das massas. Uma vez desperta a atenção, a beleza e o aprimoramento da moral irão impressionar os espíritos, que se dedicarão a uma ciência que lhes dará a chave da vida futura e lhes abrirá as portas da felicidade eterna. Foi Moisés quem abriu o caminho; Jesus continuou a obra; o espiritismo a concluirá (UM ESPÍRITO ISRAELITA, Mulhouse, 1861).

O LIVRO DOS ESPÍRITOS

17. É facultado ao homem conhecer o princípio das coisas?

– Não, Deus não permite que tudo seja revelado ao homem neste mundo.

18. O homem descobrirá um dia o mistério das coisas que lhe estão ocultas?

- À medida que se depura, o véu se levanta para ele; mas, para compreender certas coisas, precisa de faculdades que ainda não possui.

VIDA PLENA

"Como tenho reagido ao receber críticas? Sinto-me ofendido ou procuro reconhecer meus defeitos?".

PRECE

Senhor, que possamos ser dignos de viver esta nova etapa de luz e de amor na qual a humanidade deverá ingressar. Sabemos que para que isso se realize devemos estar em sintonia com as leis de Deus, as quais podemos compreender praticando os seus divinos ensinamentos.

Terça-feira

Capítulo I
NÃO VIM REVOGAR A LEI (II)

INTRUÇÕES DOS ESPÍRITOS
A NOVA ERA

11. Santo Agostinho é um dos maiores divulgadores do espiritismo. Ele se manifesta em muitos lugares. A razão disso se deve à história de vida desse grande filósofo cristão que está ligado à falange dos estudiosos da Igreja, aos quais o cristianismo credita suas sólidas bases. Como tantos outros, ele também foi arrebatado do paganismo, ou melhor, da mais profunda incredulidade, pela luz da verdade. Quando, em meio aos seus excessos, sentiu na alma a estranha vibração que o levou a recolher-se intimamente para reflexão e finalmente compreendeu que a felicidade está muito mais além da vida física e dos prazeres passageiros; quando, a caminho de Damasco, ouviu a santa voz: "Saulo, Saulo, por que me persegues?", então exclamou: "Meu Deus! Meu Deus! Perdoa-me, eu creio, eu sou cristão!". A partir daí, passou a ser um dos mais firmes sustentáculos do ***Evangelho***.

Nas memoráveis confissões que esse eminente espírito nos deixou, podemos encontrar as seguintes palavras proféticas, pronunciadas após a morte de sua mãe, Santa Mônica: "Estou convencido de que minha mãe voltará a me visitar e me dará conselhos, revelando-me o que nos aguarda na vida futura".

Que ensinamento nessas palavras, e que previsão clara da futura doutrina! É por isso que hoje, vendo chegado o momento para a divulgação da verdade que pressentiu outrora, Santo Agostinho tornou-se um fervoroso propagador do espiritismo e se multiplica, por assim dizer, para responder a todos que o chamam. (ERASTO, discípulo de São Paulo, Paris, 1863).

Nota: Santo Agostinho vem derrubar o que construiu? Certamente, não! Porém, como tantos outros, ele vê com os olhos do espírito o que não conseguia enxergar como homem. Livre, sua alma entrevê novas luzes; compreende o que antes não entendia, pois novas idéias lhe revelaram o verdadeiro significado de determinadas palavras. Na Terra, ele julgava as coisas segundo os conhecimentos que possuía, mas, quando uma nova luz se fez, ele pôde julgá-las mais corretamente. Foi assim que mudou de idéia sobre sua crença a respeito dos espíritos íncubos e súcubos[1] e sobre a condenação lançada contra a teoria dos antípodas.[2] Agora que o cristianismo lhe aparece em toda a sua pureza, pode pensar de modo diferente com relação a alguns pontos, sem deixar de ser apóstolo cristão. Pode, enfim, sem renegar sua fé, agir como propagador do espiritismo, porque vê nele o cumprimento do que foi profetizado. Ao proclamá-lo hoje, o que faz é levar-nos a uma interpretação mais clara e lógica dos textos. O mesmo acontece com outros espíritos que se encontram em posição idêntica.

O LIVRO DOS ESPÍRITOS

145. Como tantos filósofos, antigos e modernos, têm discutido por tanto tempo sobre a ciência psicológica sem ter chegado à verdade?

- Esses homens foram os precursores da doutrina espírita eterna; prepararam os caminhos. Eram homens, podiam enganar-se ao tomar suas próprias idéias como verdades; mas, até seus erros servem para ressaltar a verdade, mostrando os prós e os contras. Aliás, entre esses erros acham-se grandes verdades que um estudo comparativo vos permite compreender.

---

1 Íncubos e súcubos (***incubare*** e ***sucubare***): Espíritos masculinos (íncubos) e femininos (súcubos) que obssediam sexualmente os encarnados.

2 Antípoda: Habitante que, em relação a outro do globo, se encontra em lugar oposto.

146. A alma tem uma sede determinada e localizada no corpo?
- Não, porém, mais particularmente, nos grandes gênios, nos que pensam muito, ela fica na cabeça, e nos mais sensíveis, cujas ações dizem respeito a toda a humanidade, situa-se no coração.

VIDA PLENA

"Como tenho contribuído para a paz e para a edificação do bem?".

PRECE

Bons espíritos, vós que trazeis estes ensinamentos do Cristo sob um novo ponto de vista, fazei com que possamos compreender com a inteligência as vossas palavras e com o coração colocar em prática tudo o que nos foi ensinado.

Quarta-feira

Capítulo 3
HÁ MUITAS MORADAS NA CASA DE MEU PAI (I)

MUNDOS DE EXPIAÇÃO E DE PROVAS

13. Que posso vos dizer sobre os mundos de expiação e de provas que já não saibais, uma vez que vos basta observar a Terra que habitais? A superioridade da inteligência, em grande parte de seus habitantes, indica que ela não é um mundo primitivo destinado à encarnação de espíritos recém-saídos das mãos do Criador. As qualidades inatas que trazem consigo são a prova de que já viveram e atingiram um certo progresso, embora os numerosos vícios a que são propensos sejam um indício de grande imperfeição moral. Eis por que Deus os colocou num mundo ingrato, para nele expiarem suas faltas por meio de um trabalho árduo e das misérias da vida, até que mereçam ir para outro mais feliz.

14. Contudo, nem todos os espíritos encarnados na Terra estão em expiação. As raças que chamais de selvagens são espíritos recém-saídos da infância e que aí estão, por assim dizer, em processo de educacão e desenvolvimento ao contato com espíritos mais avançados. Em seguida, vêm as raças semicivilizadas, formadas por esses mesmos espíritos já mais prósperos. Estas são as raças indígenas da Terra, que progre-

diram, pouco a pouco, no decorrer de longos períodos seculares, conseguindo algumas delas atingir o aperfeiçoamento intelectual dos povos mais esclarecidos.

Os espíritos em expiação são, se assim podemos dizer, como estrangeiros na Terra: eles já viveram em outros mundos, e de lá foram excluídos porque persistiam no mal e causavam transtornos para os bons. Então, foram relegados por um tempo entre espíritos mais atrasados, tendo por missão fazê-los avançar, pois possuem a inteligência desenvolvida e o germe dos conhecimentos adquiridos. Eis por que os espíritos que cumprem punições reencarnam entre as raças mais inteligentes. As misérias da vida têm maior amargor para eles, pois possuem mais sensibilidade e, assim, sofrem mais com as contrariedades do que as raças primitivas, cujo senso moral é menos desenvolvido.

15. A Terra oferece, pois, um dos exemplos de mundos expiatórios, cuja variedade é infinita, mas que têm como característica comum servir de exílio para os espíritos rebeldes à Lei de Deus. Aqui, esses espíritos têm de lutar ao mesmo tempo contra a perversidade dos homens e a inclemência da natureza, trabalho duplamente penoso que desenvolve simultaneamente as qualidades do coração e as da inteligência. Assim é que Deus, na Sua bondade, faz o próprio castigo transformar-se em benefício para o progresso do espírito (SANTO AGOSTINHO, Paris, 1862).

O LIVRO DOS ESPÍRITOS

984. As vicissitudes da vida são sempre a punição das faltas atuais?

- Não; já o dissemos: são provas impostas por Deus, ou escolhidas por vós mesmos na condição de espíritos, antes da reencarnação, para expiar as faltas cometidas em outra existência, porque jamais uma infração à Lei de Deus, e sobretudo à Lei de Justiça, fica impune. Se não for expiada nesta vida, necessariamente o será em outra. Por isso é que alguém que vos parece justo muitas vezes sofre, atingido pelo seu passado.

985. A reencarnação da alma num mundo menos atrasado é uma recompensa?

- É consequência da sua depuração, porque, à medida que se depuram, os espíritos encarnam em mundos cada vez mais perfeitos, até que se tenham despojado de toda matéria e limpado todas as impurezas, para gozar eternamente da felicidade dos puros de espírito no seio de Deus.

Nos mundos em que a existência é menos material do que neste, as necessidades são menos grosseiras e menos intensos os sofrimentos físicos. Os homens não passam mais pelas más paixões que, nos mundos inferiores, fazem com que se tornem inimigos uns dos outros. Não tendo qualquer motivo de ódio, nem de ciúme, vivem em paz entre si, porque praticam a Lei de Justiça, de Amor e Caridade. Desconhecem os aborrecimentos e inquietações que nascem da inveja, do orgulho e do egoísmo, e que fazem o tormento da nossa existência terrestre.

VIDA PLENA

"Desprendo-me dos desenganos do mundo, antes que o mundo me desengane?".

PRECE

Meu espírito protetor, que as minhas experiências neste mundo de expiações e provas possam ser aceitas por mim como lições importantes para a minha evolução espiritual. Que as experiências positivas sejam encaradas com equilíbrio e gratidão e as negativas como necessárias à conquista de novas virtudes.

Quinta-feira

Capítulo 3

HÁ MUITAS MORADAS NA CASA DE MEU PAI (II)

PROGRESSÃO DOS MUNDOS

19. A evolução é uma das leis da natureza. Todos os seres da Criação, animados e inanimados, estão submetidos a ela pela bondade de Deus, que deseja que tudo prospere. A própria destruição, que para os homens parece o fim das coisas, é apenas uma maneira de atingir um estado mais perfeito, por meio da transformação, pois tudo morre para renascer, e nada volta para o nada.

Ao mesmo tempo que os seres vivos evoluem moralmente, os mundos onde eles habitam progridem materialmente. Quem pudesse acompanhar um mundo em suas diversas fases, desde o instante em que os primeiros átomos se aglomeraram para a sua constituição, iria vê-lo percorrer uma escala incessantemente progressiva, porém em graus imperceptíveis para cada geração, e oferecer aos seus habitantes uma morada mais agradável, à medida que eles também avançam no caminho do progresso. Desse modo, avançam paralelamente o progresso do homem, o dos animais que o auxiliam, o dos vegetais e o da sua habitação, pois nada é estacionário na natureza. Como essa idéia é grandiosa e digna da majestade do Criador! E como, ao contrário, é pequena aquela que concentra sua atenção no imperceptível grão de areia que é a Terra, e restringe a humanidade aos poucos homens que a habitam!

A Terra, seguindo essa lei, esteve material e moralmente num estado inferior ao que hoje se encontra, e atingirá, sob esses dois aspectos, um grau mais avançado. Ela chegou a um dos seus períodos de transformação, em que passará de mundo expiatório a mundo regenerador. Então, os homens serão felizes, porque a Lei de Deus nela reinará (SANTO AGOSTINHO, Paris, 1862).

O LIVRO DOS ESPÍRITOS

185. O estado físico e moral dos seres vivos é perpetuamente o mesmo em cada mundo?

- Não. Os mundos também estão sujeitos à Lei da Evolução. Todos começaram, como o vosso, por uma condição inferior, e a própria Terra sofrerá uma transformação semelhante. Ela se transformará num paraíso quando os homens se tornarem bons.

É assim que as raças que hoje povoam a Terra desaparecerão um dia e serão substituídas por seres cada vez mais perfeitos; essas raças, transformadas, sucederão à raça atual, como esta sucedeu a outras ainda mais primitivas.

188. Os espíritos puros habitam mundos especiais, ou ficam no espaço universal sem estarem ligados mais a um globo do que a outro?

- Os espíritos puros habitam determinados mundos, mas não ficam confinados neles como os homens na Terra. Eles podem, melhor do que os outros, estar em todos os lugares.

VIDA PLENA

"Tenho avaliado a minha evolução e o domínio que tenho desenvolvido sobre mim mesmo?".

PRECE

Bons espíritos que nos orientam em nossas provas ou expiações, que possamos passar por essas experiências lembrando-nos sempre dos nossos deveres e dos ensinamentos que recebemos como sustentáculo das horas difíceis.

Sexta-feira

Capítulo 4

NINGUÉM PODE VER O REINO DE DEUS SE NÃO NASCER DE NOVO (I)

Laços de família fortalecidos pela reencarnação e rompidos pela unicidade da existência

18. Os laços de família não são destruídos pela reencarnação, como algumas pessoas pensam. Ao contrário, são fortalecidos e estreitados. O que os destrói é o princípio oposto.

No Espaço, os espíritos formam grupos ou famílias unidos pela afeição, pela simpatia e pela semelhança de gostos. Felizes por estarem juntos, esses espíritos buscam sempre a proximidade. A encarnação, portanto, os separa apenas momentaneamente. Após o retorno à erraticidade, eles se encontram como amigos que voltam de uma viagem. Muitas vezes, reencarnam juntos numa mesma família, ou num mesmo círculo, trabalhando para a evolução mútua. Se uns estão encarnados e outros não, nem por isso ficam menos unidos pelo pensamento: os que estão livres zelam pelos que estão cativos na carne; os mais adiantados procuram fazer os retardatários progredir. Após cada existência, terão dado um passo no caminho da evolução. Quanto mais se desligam da matéria, mais intenso é o seu afeto, e por isso mesmo mais puro, já não sendo perturbado pelo egoísmo nem pelas sombras das paixões. Podem, então, percorrer um número ilimitado de existências físicas sem que nada interfira na sua mútua afeição.

Fica bem claro aqui que se trata da verdadeira afeição, de alma para alma, a única que sobrevive à destruição do corpo, pois os seres que se unem na Terra apenas pela sensualidade não têm motivo algum para se procurarem no mundo dos espíritos. Só as afeições espirituais são duradouras. As afeições carnais se extinguem com a causa que lhes deu origem. Ora, no mundo dos espíritos, essa causa deixa de existir, ao passo que a alma continua existindo. Quanto às pessoas ligadas unicamente por interesse, na verdade nada significam uma para a outra: a morte as separa na Terra e no Céu.

19. A união e a afeição existente entre os parentes são o sinal da simpatia anterior que os aproximou. Assim, ao falar de uma pessoa cujo caráter, gostos e inclinações nada têm em comum com os de seus parentes, dizemos que ela não é da família. Ao dizer isso, expressamos uma verdade maior do que supomos. Deus permite essas encarnações de espíritos estranhos às famílias com o duplo objetivo de servir de prova para uns e de instrumento de evolução para outros. Dessa maneira, pouco a pouco, os maus se beneficiam pelo contato constante com os bons e pelos cuidados que deles recebem. Então, seu caráter abranda, seus hábitos se tornam polidos, e as antipatias desaparecem. É assim que se estabelece a união entre as diferentes categorias de espíritos, como se estabelece na Terra entre as raças e os povos.

20. O medo de que a família aumente indefinidamente, em decorrência da reencarnação, é um temor egoísta que prova que nosso amor não tem grandeza suficiente para abranger várias pessoas. Por acaso, um pai que tem vários filhos ama-os menos do que se tivesse apenas um? Portanto, que os egoístas fiquem tranquilos! Esse temor não tem fundamento, pois o fato de um homem ter tido dez encarnações não significa que irá encontrar-se no mundo dos espíritos com dez pais, dez mães, dez mulheres, ou um número proporcional de filhos e de novos parentes. Ele reecontrará os espíritos afins, com os quais manteve laços de amizade ou parentesco, quando encarnado na Terra.

O LIVRO DOS ESPÍRITOS

206. Por não haver parentesco entre os espíritos dos descendentes de uma mesma família, pode-se concluir que o culto dos ancestrais seja uma coisa ridícula?

- Certamente não. Devemos considerar-nos felizes por pertencer a uma família em que encarnaram espíritos elevados. Embora não procedam uns dos outros, os espíritos não têm menos afeição pelos que estão ligados a eles por laços de família, porque muitas vezes são atraídos para esta ou aquela família por razões de afinidade ou por ligações anteriores. Podeis crer, porém, que os espíritos dos vossos antepassados de modo algum se sentem honrados com o culto que lhes tributais por orgulho. O mérito deles só se reflete em vós à medida que vos esforçais por seguir os bons exemplos que vos deram, e é somente então que vossa lembrança não só pode lhes ser agradável, mas útil até.

VIDA PLENA

"Que atitude tomo diante da ignorância alheia? Será que todos dispõem das oportunidades que iluminaram meu caminho?".

PRECE

Senhor, que as verdades eternas possam vir até nós de acordo com a nossa capacidade e merecimento. Mas, ainda assim, ajudai-nos a compreendê-las com mais sabedoria, pois sabemos que elas são necessárias e inevitáveis em nossas vidas.

Sábado

Capítulo 4

NINGUÉM PODE VER O REINO DE DEUS SE NÃO NASCER DE NOVO (II)

Laços de família fortalecidos pela reencarnação e rompidos pela unicidade da existência

21. Vejamos agora as consequências da doutrina anti-reencarnacionista. Essa doutrina nega categoricamente a preexistência da alma. Ocorre que, se as almas fossem criadas ao mesmo tempo que os corpos, não existiria entre elas qualquer ligação anterior. Elas seriam, portanto, totalmente estranhas umas às outras. O pai seria estranho ao filho. Com isso, a origem das famílias seria reduzida à simples vinculação corporal, sem o menor laço espiritual. Não haveria, pois, qualquer razão para alguém se orgulhar por ter tido como ancestral este ou aquele personagem ilustre. Com a reencarnação, ascendentes e descendentes podem já ter-se conhecido, podem ter vivido juntos, se amado, e mais tarde reencontrar-se em outras encarnações para estreitar laços afetivos.

22. Isso, com relação ao passado. Quanto ao futuro, conforme um dos dogmas fundamentais que derivam da anti-reencarnação, o destino das almas está irrevogavelmente fixado após uma única existência. A determinação definitiva de sua sorte implica a interrupção de todo o progresso, pois, se algum progresso houver, não há mais destino definitivo. Conforme te-

nham vivido, bem ou mal, vão imediatamente para a morada dos bem-aventurados ou para o inferno eterno. ***Assim, elas são imediatamente separadas para sempre, sem esperança de um dia se reencontrarem***, de forma que pais, mães e filhos, maridos e mulheres, irmãos, irmãs, amigos, jamais têm certeza de que voltarão a se ver, o que significa o mais tirânico rompimento dos laços familiares.

Com a reencarnação e o progresso que lhe é consequente, todos que se amaram um dia reencontram-se na Terra e no Espaço, e juntos buscam chegar a Deus. Os que fraquejam no caminho, retardam seu próprio adiantamento e sua felicidade, mas nem por isso perdem a esperança. Auxiliados, encorajados e apoiados pelos que os amam, um dia sairão do marasmo em que se afundaram. Enfim, com a reencarnação há eterna solidariedade entre os encarnados e os desencarnados. Daí o estreitamento dos laços afetivos.

23. Em resumo, existem quatro alternativas para o homem quanto ao seu futuro de Além-túmulo:

1º. o nada, conforme prega a doutrina materialista;
2º. a integração no todo universal, segundo afirma a doutrina panteísta;
3º. a individualidade da alma, com fixação definitiva do destino, segundo a doutrina da Igreja;
4º. a individualidade, com progresso infinito, segundo a doutrina espírita.

De acordo com as duas primeiras, os laços familiares são rompidos após a morte, e não há esperança de reencontro. Na terceira, há possibilidade de reencontro, desde que se esteja no mesmo meio, que pode ser tanto o inferno como o paraíso. Segundo a pluralidade das existências, que é inseparável da progressão contínua, existe a certeza de que as relações entre os que se amaram não é interrompida, e é isso o que constitui a verdadeira família.

O LIVRO DOS ESPÍRITOS

207. Frequentemente, os pais transmitem aos filhos uma semelhança física. Transmitem-lhes também alguma semelhança moral?

- Não, pois eles têm almas ou espíritos diferentes. O corpo provém do corpo, mas o espírito não procede do espírito. Entre os descendentes de determinada linhagem há somente consanguinidade.

207a. De onde vêm as semelhanças morais que às vezes existem entre pais e filhos?

- São espíritos afins, atraídos pela semelhança de suas tendências.

VIDA PLENA

"Como tenho caminhado na estrada da vida? Tenho escolhido as portas largas ou as estreitas?".

PRECE

Bons espíritos que nos assistem na atual existência, que possamos fortalecer os nossos laços espirituais observando nossos compromissos íntimos de exercer, para com aqueles que convivem conosco, a tolerância, o amor incondicional, e assim vencer as antipatias e rancores que tendem a nos separar daqueles a quem Deus nos aproximou por necessidade.

Domingo

Capítulo 4
NINGUÉM PODE VER O REINO DE DEUS SE NÃO NASCER DE NOVO (III)

Instruções dos espíritos
NECESSIDADE DA ENCARNAÇÃO

25. *A encarnação é uma punição? Somente os espíritos culpados estão sujeitos a ela?*

A passagem dos espíritos pela vida corpórea é necessária para que eles possam cumprir, com a ajuda das ações características do plano material, os desígnios que Deus lhes confiou. Portanto, ela é necessária para o seu próprio bem, pois as atividades a que se vêem obrigados a exercer contribuem para o desenvolvimento da inteligência. Sendo soberanamente justo, Deus tem a mesma consideração para com todos os Seus filhos. É por isso que dá a todos o mesmo ponto de partida, a mesma capacidade, *as mesmas obrigações a cumprir e a mesma liberdade de ação.* Qualquer privilégio seria uma preferência, e toda preferência, uma injustiça. Assim, para todos os espíritos, a encarnação é apenas um estado transitório; é uma tarefa que Deus lhes impõe no início da existência, como primeira prova do uso que farão do livre-arbítrio. Aqueles que executam essa tarefa com zelo, vencem mais rapidamente e menos arduamente os primeiros degraus da iniciação, e gozam mais cedo do fruto dos seus esforços. Ao contrário, os que fazem mau uso da liberdade que Deus lhes concedeu, retardam o seu progresso. É assim que, por negligência, podem prolongar indefinidamente a necessidade de reencarnar, e é então que a encarnação se transforma num castigo (São Luís, Paris, 1859).

O LIVRO DOS ESPÍRITOS

196. Se só passando pelas tribulações da vida corporal os espíritos podem aperfeiçoar-se, segue-se que a vida espiritual seja uma espécie de *crivo* ou de *depurador*, por onde devem passar os seres do mundo espírita para chegar à perfeição?

- Sim, é exatamente isso. Eles se melhoram nessas provas, evitando o mal e praticando o bem. Mas é só depois de várias encarnações ou de sucessivas depurações que, num tempo mais ou menos longo, e segundo seus esforços, atingem a meta a que aspiram.

196a. É o corpo que influi sobre o espírito para melhorá-lo, ou o espírito que influi sobre o corpo?

- Teu espírito é tudo; teu corpo é uma veste que apodrece: eis tudo.

VIDA PLENA

"De que forma eu tenho visto o planeta Terra: um mundo de expiações de faltas ou uma escola de provações?".

PRECE

Bom Deus, agradeço-vos a bênção de um novo corpo e de uma nova existência. Que nela possamos aproveitar as oportunidades de crescimento e superação dos obstáculos que se nos apresentam como provas ou expiações.

Segunda-feira

Capítulo 5

BEM-AVENTURADOS OS AFLITOS (I)

O suicídio e a loucura

14. A calma e a resignação, provenientes da maneira de encarar a vida terrena e da confiança no futuro, dão ao espírito uma serenidade que é a melhor proteção contra ***a loucura e o suicídio.*** Realmente, é certo que os casos de loucura, em sua maioria, se devem à perturbação produzida pelas vicissitudes que o homem não tem forças para suportar. Portanto, vendo a vida pelos olhos do espiritismo, ele encara com serenidade e até indiferença os reveses e as decepções que, em outras circunstâncias, o deixariam desesperado. É evidente que essa força que o coloca além dos acontecimentos preserva-lhe a razão de estremecimentos que a abalariam, se não tivesse a visão que o espiritismo lhe oferece.

15. O mesmo acontece com o suicídio. Com exceção dos que se consomem nos estados de embriaguez e loucura, aos quais podemos chamar de inconscientes, é certo que, sejam quais forem os motivos específicos, o suicídio sempre tem como causa um desgosto. Mas, quem tem certeza de que está sendo infeliz apenas por um dia e de que estará melhor nos dias seguintes, facilmente se enche de paciência. Só se desespera aquele que não vê um fim para os seus sofrimentos. E o que é a vida humana, comparada à eternidade, senão bem menos que um dia?

Entetanto, quem não crê na eternidade, quem acha que tudo se acaba com a vida, se estiver acabrunhado pelo desgosto e pelo infortúnio, só vê saída na morte. Sem nada esperar, acha natural, muito lógico mesmo, abreviar suas misérias pelo suicídio.

16. A incredulidade, a simples dúvida sobre o futuro, as idéias materialistas são, em resumo, os maiores incentivadores ao suicídio, pois provocam o ***desestímulo moral.*** E, quando se vêem homens de ciência apoiarem-se sobre a autoridade de seu conhecimento para provar aos seus ouvintes que nada os aguarda após a morte, não é o mesmo que levá-los a concluir que, se são infelizes, o melhor que têm a fazer é se matar? Que poderiam lhes dizer para dissuadi-los disso? Que compensação poderiam lhes oferecer? Que esperança poderiam lhes dar? Nenhuma, a não ser o nada. Donde se deve concluir que, se o nada é o único remédio, é preferível tomá-lo agora do que mais tarde, e assim sofrer por menos tempo.

A propagação das idéias materialistas é, pois, o veneno que incute em muitas pessoas o pensamento do suicídio. Aqueles que se transformam em propagadores dessas idéias assumem sobre si uma terrível responsabilidade. Com o espiritismo, não sendo mais permitida a dúvida, o aspecto da vida muda. Quem crê, sabe que a vida se prolonga indefinidamente após a morte, mas em condições bem diferentes. Daí a paciência e a resignação que o afastam naturalmente da idéia do suicídio. Em resumo: daí a ***coragem moral.***

17. O espiritismo leva ainda a um outro resultado igualmente positivo, e talvez mais decisivo: ele nos mostra os próprios suicidas vindo relatar sua situação deplorável e provar que ninguém transgride impunemente a Lei de Deus, que proíbe ao homem abreviar a própria vida. Entre os suicidas, há aqueles cujo sofrimento, ainda que temporário, é tão terrível que asssusta a quem esteja planejando partir da Terra, antes que Deus o determine. O espírita tem, portanto, vários motivos para contrapor-se à idéia do suicídio: a ***certeza*** de uma vida futura, na qual ***sabe*** que será tanto mais feliz quanto mais resignado tiver sido na Terra; a ***certeza*** de que, ao abreviar a própria vida, chegará a um resultado exatamente oposto ao que

esperava; a *certeza* de que se livrará de um mal, mas viverá outro pior, mais longo e mais terrível; a *certeza* de que se engana ao pensar que, suicidando-se, irá mais depressa para o Céu; e finalmente a *certeza* de que o suicídio é um obstáculo que o impedirá de juntar-se, no mundo espiritual, aos que foram objeto de sua estima. Daí a conclusão de que o suicídio, dando-lhe somente decepções, contraria seus interesses. Assim, o número de suicídios evitados pelo espiritismo é considerável, e disso podemos concluir que, quando todos forem espíritas, não haverá mais suicídios conscientes.

Ao compararmos, pois, os resultados das doutrinas materialistas e da doutrina espírita, unicamente do ponto de vista do suicídio, observamos que a lógica das primeiras conduz ao suicídio, ao passo que a doutrina espírita o evita, o que é confirmado pela experiência.

O LIVRO DOS ESPÍRITOS

943. De onde vem o tédio de viver que, sem motivos plausíveis, se apodera de certos indivíduos?

- Resultado da ociosidade, da falta de fé e, frequentemente, da fartura. Para aquele que exercita suas faculdades num objetivo útil e conforme suas aptidões naturais, o trabalho nada tem de árido, e a vida se escoa mais rapidamente; ele lhe suporta as vicissitudes com mais paciência e resignação quanto mais age visando à felicidade mais sólida e duradoura que o aguarda.

944. O homem tem o direito de dispor da própria vida?

- Não. Só Deus tem esse direito. O suicídio voluntário é uma transgressão à Sua Lei.

944a. O suicídio não é sempre voluntário?

- O louco que se mata não sabe o que faz.

945. Que pensar do suicídio que tem como causa o tédio da vida?

- Insensatos! Por que não trabalhavam? A existência não lhes teria sido pesada!

946. Que pensar do suicídio cujo fim é fugir das misérias e das decepções deste mundo?

- Pobres espíritos, que não têm coragem para suportar as misérias da existência! Deus ajuda os que sofrem, e não os que não têm energia, nem coragem. As tribulações da vida são provas ou expiações; felizes os que as suportam sem reclamar, pois serão recompensados! Desgraçados, ao contrário, os que esperam sua salvação do que, na sua descrença, chamam de acaso, ou sorte! O acaso, ou a sorte, para usar a linguagem deles, podem realmente favorecê-los por um instante, mas para mais tarde fazê-los sentir, e mais cruelmente, a nulidade dessas palavras.

946a. Os que tenham induzido o infeliz a esse ato de desespero sofrerão as consequências disso?

- Oh! Ai deles! Responderão por isso como um assassinato.

VIDA PLENA

"Diante de uma questão excessivamente complexa, me precipito ou espero o efeito paciente do tempo?".

PRECE

Meu espírito guardião, que possamos estar sempre juntos, nos momentos bons e nos difíceis. Que eu possa desfrutar da sua experiência e saber ouvir os vossos bons conselhos através da intuição e da boa vontade. Que o pensamento de humildade esteja sempre à frente do orgulho, que a paciência se antecipe aos maus impulsos e que, sobretudo, a confiança em Deus seja sempre a luz a iluminar nossos passos diante da incerteza.

Terça-feira

Capítulo 5

BEM-AVENTURADOS OS AFLITOS (II)

Instruções dos espíritos

BEM E MAL SOFRER

18. Quando Jesus disse: "Bem-aventurados os aflitos, porque deles é o reino dos Céus", não estava generalizando, pois, como já se sabe, todos os que estão neste mundo sofrem, quer estejam na abastança ou na miséria. Ele Se referia aos poucos que conseguem suportar os sofrimentos com resignação, e compreendem que só as provas podem conduzi-los ao reino de Deus. Como o desânimo é uma falta, Deus então recusa consolação a quem perdeu a coragem. Sabe-se que a prece é um esteio para a alma, mas somente ela não basta. É preciso que esteja apoiada numa fé inabalável na bondade de Deus. Muitas vezes, lhes foi dito que Ele não coloca um fardo pesado sobre ombros frágeis, e que o fardo é proporcional à força que se tem, como a recompensa será proporcional à resignação e à coragem. Mais generosa será a recompensa, do que penoso o sofrimento. Mas é preciso merecer essa recompensa, e por isso a vida é cheia de tribulações.

O militar que não é convocado para a frente de batalha não fica satisfeito, porque a inatividade no acampamento não lhe dá a oportunidade de promoção. Sede, pois, como o militar e não desejeis um repouso em que vosso corpo se relaxaria e vossa alma se entorpeceria. Alegrai-vos quando Deus vos chama para a luta. Luta que não é o fogo da batalha, mas as amarguras da vida; em que às vezes é preciso ter mais coragem do que num combate sangrento, pois quem ficar firme diante do inimigo poderá fracassar sob a pressão de um sofrimento moral. O homem não é recompensado por essa espécie de coragem, mas Deus reserva-lhe distinções e um lugar glorioso. Quando estiverdes diante de um motivo de dor ou de contrariedade, esforçai-vos para superá-lo, e, quando conseguirdes dominar os impulsos da impaciência, da raiva ou do desespero, dizei a vós mesmos com justa satisfação: "Fui o mais forte".

As palavras: "Bem-aventurados os aflitos" podem, então, ser interpretadas assim: "Bem-aventurados os que têm oportunidade de provar sua fé, sua firmeza, sua perseverança e sua submissão à vontade de Deus, pois terão centuplicada a alegria que lhes falta na Terra, e após o penoso esforço virá o descanso" (LACORDAIRE, Havre, 1863).

O LIVRO DOS ESPÍRITOS

988. Há pessoas cuja vida transcorre numa perfeita calma; que, sem precisar fazer nada para si, estão livres de preocupações. Essa existência feliz é uma prova de que nada têm para expiar de uma existência anterior?

- Conheces muitas pessoas assim? Se achas que sim, estás enganado. Muitas vezes a calma é só aparente. Elas podem ter escolhido essa existência, mas, quando a deixam, percebem que não lhes serviu para progredir; e então, como o preguiçoso, lamentam o tempo perdido. Ficai sabendo que só pela atividade o espírito pode adquirir conhecimentos e elevar-se; se ficar dormindo despreocupado, ele não progride. Assemelha-se a alguém que (segundo vossos costumes) precisa trabalhar, e que vai passear, ou deitar-se, sem querer fazer nada. Sabei também que cada um terá que prestar contas da inutilidade voluntária da sua existência; inutilidade que é sempre fatal à felicidade futura. O montante da felicidade futura é proporcional à soma do bem que se tenha feito; o da infelicidade está na proporção do mal e das desgraças que se causou.

VIDA PLENA

"Diante do desespero, encontro ensejo de cultivar a serenidade?".

PRECE

Meu bom Deus, que as nossas provas possam ser suportadas com equilíbrio e serenidade. Que a nossa confiança em Vós e nos Vossos sábios propósitos possa sempre se manifestar antes que possamos lamentar ou pensar em desistir dos obstáculos naturais da vida.

Quarta-feira

Capítulo 5
BEM-AVENTURADOS OS AFLITOS (III)

INSTRUÇÕES DOS ESPÍRITOS
OS TORMENTOS VOLUNTÁRIOS

23. O homem vive correndo atrás da felicidade, mas ela constantemente lhe escapa, pois a verdadeira felicidade, que não apresenta preocupações, ainda não existe na Terra. Apesar dos infortúnios que se apresentam no decorrer da vida, o homem poderia pelo menos gozar de uma felicidade relativa. Acontece que ele a procura muito mais nas coisas perecíveis e sujeitas a contratempos, ou melhor, nos prazeres mundanos, do que nas alegrias da alma, que são um deleite antecipado das alegrias celestes. Ao invés de buscar a ***paz do coração***, única felicidade real na Terra, busca avidamente tudo o que pode agitá-lo e perturbá-lo, e, estranhamente, parece criar sempre tormentos que só dependeria dele evitar.

Haverá maiores tormentos do que os causados pela inveja e pelo ciúme? Para o invejoso e o ciumento, o sossego não existe, pois estão sempre excitados pelo desejo: o que eles ainda não têm, e outras pessoas possuem, provoca-lhes verdadeiras insônias; o sucesso dos seus rivais lhes dá vertigens; para eles, a competição se resume em menosprezar os outros; sua maior alegria consiste em provocar, nos insensatos como eles, a mesma ira do ciúme de que estão possuídos. Na verdade, são uns tolos, pois não imaginam que talvez amanhã seja preciso renunciar a todas as futilidades cuja cobiça lhes envenena a vida. A eles não se aplicam as seguintes palavras: "Bem-aventurados os aflitos, pois serão consolados", porque suas aflições não são aquelas que têm no Céu sua recompensa.

Ao contrário, de quantos tormentos se livra aquele que sabe se contentar com o que tem, que olha sem inveja para o que não possui, que não procura parecer mais do que realmente é. Este sim é rico, pois, se olha abaixo de si, ao invés de olhar acima, sempre verá criaturas que têm menos. É calmo, pois não cria para si necessidades imaginárias. E a calma não é uma felicidade, se comparada às tempestades da vida? (Fénelon, Lyon, 1860).

O LIVRO DOS ESPÍRITOS

243. Os espíritos conhecem o futuro?

- Isso também depende da sua perfeição; muitas vezes, apenas o vislumbram, mas nem sempre lhes é permitido revelá-lo. Quando o vêem, parece-lhes presente. O espírito vê o futuro mais claramente à medida que se aproxima de Deus. Após a morte, a alma vê e capta de relance suas migrações passadas, mas não pode ver o que Deus lhe prepara; para isso, é preciso que esteja totalmente integrada nele depois de muitas existências.

243a. Os espíritos que atingiram a perfeição absoluta têm conhecimento completo do futuro?

- Completo não é o termo, pois só Deus é o soberano senhor; e ninguém pode igualá-Lo.

244. Os espíritos vêem Deus?

- Só os espíritos superiores o vêem e compreendem; os espíritos inferiores o sentem e o vislumbram.

VIDA PLENA

"Tenho cultivado a confiança? Percebo que o Sol sempre nasce e que, no horizonte, a paisagem sempre se modifica?".

PRECE

Mestre Amado, que nas dificuldades do dia a dia possamos nos lembrar sempre dos Seus eternos exemplos de fé, de confiança, de serenidade e sabedoria diante da vontade do Pai.

Quinta-feira

Capítulo 5
BEM-AVENTURADOS OS AFLITOS (IV)

Instruções dos Espíritos
A VERDADEIRA INFELICIDADE

24. Muitos falam da infelicidade, pois já a experimentaram algum dia e acreditam, portanto, que conhecem seus múltiplos aspectos. Eu venho vos dizer que quase todos se enganam, e que a verdadeira infelicidade não é o que os homens, ou seja, os infelizes, supõem. Eles a vêem na miséria, na lareira sem chama, no credor que os ameaça, no berço vazio do anjo que antes sorria, nas lágrimas que se derrama durante o velório que se acompanha com o coração partido, na angústia da traição, no desnudamento do orgulho que gostaria de cobrir-se de ouro e mal consegue esconder sua nudez sob os farrapos da vaidade. A tudo isso, e a muitas coisas mais, dá-se o nome de infelicidade, na linguagem humana. Sim, é infelicidade para aqueles que só enxergam o presente. Mas a verdadeira infelicidade está mais nas consequências de um fato do que nele próprio. Dizei-me se um acontecimento muito feliz em determinado momento, mas que tem consequências funestas, não é na realidade mais infeliz do que outro que a princípio provoca grande contrariedade e acaba por produzir o bem? Dizei-me se a tempestade que quebra as árvores, mas saneia o ar, ao dissipar as emanações insalubres que poderiam causar a morte, não é antes uma felicidade do que uma desgraça?

Para julgar um fato, precisamos antes examinar-lhe as consequências. Para avaliarmos o que realmente traz felicidade ou infelicidade para o homem, precisamos nos transportar para além desta vida, porque é lá que as consequências se fazem sentir. Portanto, tudo o que o homem chama de infelicidade, segundo sua acanhada visão, cessa com a vida física e encontra sua compensação na vida futura.

Vou revelar-vos a infelicidade sob uma nova forma, sob a forma bela e florida, que acolheis e desejais, com todas as forças de vossas almas iludidas. Infelicidade é essa falsa alegria, é o prazer transitório, é a fama inconsequente, é a vã agitação, é a insensata satisfação da vaidade que faz calar a consciência, que perturba a ação do pensamento, que atordoa o homem com relação ao seu futuro. Infelicidade é o ópio do esquecimento que buscais com tanto empenho.

Esperai, vós que chorais! Tremei, vós que rides porque vosso corpo está satisfeito! A Deus ninguém engana. Não se escapa do destino. E as provas, credoras implacáveis atiçadas pela miséria, espreitam vosso repouso ilusório para, a qualquer momento, vos mergulhar na agonia da verdadeira infelicidade, aquela que surpreende a alma enfraquecida pela indiferença e pelo egoísmo.

Que o espiritismo vos esclareça e restabeleça o verdadeiro significado de verdade e equívoco, tão estranhamente deturpados pela vossa cegueira! Agireis então como bravos soldados que, em vez de fugir do perigo, preferem as lutas em combates arriscados à paz que não lhes pode dar nem glória nem promoção. Que importa ao soldado perder as armas, o equipamento e as roupas na batalha, desde que saia dela vencedor e com glória! Que importa a quem tem fé no futuro, se deixa no campo de batalha da vida a fortuna e a vestimenta carnal, contanto que sua alma entre radiosa no reino celeste? (Delphine de Girardin, Paris, 1861).

O LIVRO DOS ESPÍRITOS

253. Os espíritos têm necessidades iguais às nossas e passam pelos mesmos sofrimentos físicos?

- Eles os conhecem, porque passaram por isso, mas não os sentem como vós, materialmente: são espíritos.

254. Os espíritos ficam cansados e precisam de repouso?

- Eles não podem sentir cansaço, tal como o entendeis, e, consequentemente, não têm necessidade de descanso corporal como vós, uma vez que não possuem órgãos cujas forças devam ser restauradas. Porém, sob o ponto de vista de que não está em constante atividade, o espírito repousa; ele não age de modo material; sua atividade é totalmente intelectual e seu repouso, inteiramente moral, o que significa que há momentos em que seu pensamento deixa de ser tão ativo quanto normalmente é, e não se fixa num objeto determinado. É realmente um repouso, mas não é comparável ao do corpo. A espécie de fadiga que os espíritos possam sentir é proporcional à sua inferioridade, pois quanto mais elevados forem, menos lhes é necessário repousar.

VIDA PLENA

"Nas escuras noites terrestres semeio a esperança ou fico lamentando a falta de luz?".

PRECE

Senhor, não permitais que a ilusão das coisas terrenas nos cause decepções, dores e sofrimentos. Se assim ocorrer, que possamos ter a humildade de recorrer a Vossa misericórdia para pedir forças e resistirmos às consequências das nossas ações impensadas.

Sexta-feira

Capítulo 5
BEM-AVENTURADOS OS AFLITOS (V)

Instruções dos Espíritos
A MELANCOLIA

25. Sabeis por que, às vezes, uma vaga tristeza toma conta de vossos corações e vos faz achar a vida tão amarga? É o vosso espírito que anseia pela felicidade e pela liberdade, e, aprisionado ao corpo físico, se sente extenuado pelos esforços inúteis despendidos para dele sair. Então, percebendo que se esforça em vão, entrega-se ao desânimo; e como o corpo sofre sua influência, a apatia se apodera de vós, passando a achar que sois infelizes. Por isso, acreditai em mim e resisti com firmeza a essas sensações que vos enfraquecem a vontade! As aspirações a uma vida melhor são inerentes ao espírito do homem; no entanto, não as busqueis neste mundo.

Neste momento em que Deus vos envia Seus espíritos para vos instruir sobre a felicidade que Ele vos reserva, aguardai pacientemente o anjo da libertação que deve vos ajudar a romper os laços que mantêm vosso espírito cativo. Não esqueçais de que, durante vossa provação na Terra, tendes de desempenhar uma missão, da qual não deveis duvidar, seja vos dedicando à família, seja cumprindo as várias tarefas que Deus vos confiou. E se, no decorrer da prova, enquanto estiverdes executando vossa tarefa, virdes desabarem sobre vós preocupações, aflições e desgostos, sede fortes e corajosos para suportá-los! Enfrentai-os sem vacilar, pois são de curta duração e devem vos levar para junto dos amigos por quem chorastes, os quais se alegrarão com vossa chegada entre eles e vos estenderão os braços para vos conduzir a uma região onde não é permitida a entrada das amarguras terrenas (François de Genève, Bordéus).

O LIVRO DOS ESPÍRITOS

255. Quando um espírito diz que está sofrendo, por que espécie de sofrimento passa?

- Por angústias morais, que o torturam mais dolorosamente do que os sofrimentos físicos.

256. Como se explica então que alguns espíritos se tenham queixado de sofrer de frio ou de calor?

- Lembrança do que sofreram durante a vida, às vezes tão dolorosa quanto a realidade. Frequentemente é uma comparação com que, na falta de coisa melhor, manifestam sua situação. Quando se lembram do seu corpo, têm uma espécie de sensação semelhante à de alguém que, tendo tirado um casaco pesado, algum tempo depois pensa que ainda o está usando.

VIDA PLENA

"Tenho feito da resistência um adorno verbal ou um sustento de minha fé?".

PRECE

Bons espíritos, que representam o Consolador prometido por Jesus e que nos socorrem nos momentos de aflição, inspirai-nos a vigilância e a prece para que possamos suportar com dignidade as nossas provas e expiações.

Sábado

Capítulo 6
O CRISTO CONSOLADOR

3. Se me amais, guardai os meus mandamentos. E eu rogarei ao meu Pai, e Ele vos enviará outro consolador, para que fique eternamente convosco: o Espírito de Verdade, a quem o mundo não pode receber, porque não o vê nem o conhece. Mas vós o conhecereis, porque ele ficará convosco e estará em vós. Mas o Consolador, que é o Espírito Santo, a quem meu Pai enviará em meu nome, vos ensinará todas as coisas e vos fará relembrar de tudo o que vos tenho dito. (JOÃO, 14:15-17 e 26).

Instruções dos espíritos
O ADVENTO DO ESPÍRITO DE VERDADE

7. Sou o grande médico das almas, e venho trazer o remédio que vos curará. Os fracos, os sofredores e os doentes são meus filhos prediletos, e venho salvá-los. Vinde, pois, a mim todos vós que sofreis e que estais oprimidos, e sereis aliviados e consolados. Não busqueis noutro lugar a força e a consolação, pois o mundo é incapaz de oferecê-las. Deus faz um supremo apelo aos vossos corações, por meio do espiritismo. Escutai-O! Que a impiedade, a mentira, o erro e a incredulidade sejam eliminados de vossas almas sofridas, pois são verdadeiros monstros que sugam o vosso sangue mais puro e vos causam feridas, quase sempre mortais. Que no futuro, humildes, e obedientes

ao Criador, pratiqueis Sua lei divina. Amai e orai! Sede dóceis aos espíritos do Senhor! Invocai-O do fundo do coração! Então, Ele vos enviará Seu Filho bem-amado, para vos instruir e vos dizer estas boas palavras: "Eis-me aqui! Venho a vós porque me chamastes". (O ESPÍRITO DE VERDADE, Bordéus, 1861).

O LIVRO DOS ESPÍRITOS

931. Por que, na sociedade, as classes sofredoras são mais numerosas do que as felizes?

- Nenhuma é perfeitamente feliz, e o que se pensa que é felicidade muitas vezes oculta dolorosas aflições; o sofrimento está por toda parte. Entretanto, para responder ao teu pensamento, direi que as classes a que chamas sofredoras são mais numerosas porque a Terra é um lugar de expiação. Quando o homem a tiver transformado em morada do bem e dos bons espíritos, nela o homem não será mais infeliz, e a considerará um paraíso.

932. Por que, no mundo, a influência dos maus supera a dos bons com tanta frequência?

- Por causa da fraqueza dos bons. Os maus são intrigantes e audaciosos; os bons são tímidos. Quando estes o quiserem, levarão a melhor.

VIDA PLENA

"Procuro descobrir os valores que o outro certamente possui?".

PRECE

Amado Mestre, nós que talvez não tenhamos tido olhos para ver e ouvidos para ouvir, voltamos, na hora derradeira, diante de Vós, para pedir-Vos que nos deis uma nova oportunidade de aprender os Vossos ensinamentos. Que nosso amor ao próximo seja nossa principal ferramenta de trabalho na Vossa seara; que a sede de aprender Vossas sublimes lições seja o estímulo para a realização das nossas obras.

Domingo

Capítulo 7
BEM-AVENTURADOS OS POBRES DE ESPÍRITO

INSTRUÇÕES DOS ESPÍRITOS
ORGULHO E HUMILDADE

12. Homens, por que vos queixais das calamidades que vós mesmos atraístes sobre vossas cabeças? Menosprezastes a santa e divina moral do Cristo; não vos espanteis, portanto, se a taça da maldade transbordou. Então, o mal-estar é geral. A quem responsabilizar senão a vós mesmos, que procurais incessantemente destruir uns aos outros? Não podeis ser felizes sem mútua benevolência. Mas como pode a benevolência conviver com o orgulho? Orgulho, eis a origem de todos os vossos males! Empenhai-vos, pois, em destruí-lo, se não quiserdes que suas consequências funestas se perpetuem. Só há um meio ao vosso alcance, e ele é infalível: tomai por regra de conduta a Lei do Cristo, lei que tendes rejeitado ou interpretado de maneira equivocada.

Por que valorizais mais aquilo que brilha e encanta aos olhos, do que aquilo que comove o coração? Por que reverenciais o vício da opulência, ao passo que só tendes um olhar de indiferença para o verdadeiro mérito, que muitas vezes se esconde na simplicidade? Quando um rico corrupto, perdido de corpo e alma, se apresenta em qualquer lugar, todas as portas lhe são abertas, todas as atenções se voltam para ele; enquanto que para o homem de bem, que vive do seu trabalho, mal se dignam a saudá-lo com ar acolhedor. Quando a consideração que se tem pelas pessoas é medida pelos bens que possuem, ou pela importância do seu nome, que interesse elas podem ter em corrigir os seus defeitos?

Seria bem diferente se o apego ao dinheiro fosse tratado pela opinião pública com o mesmo desprezo com que ela trata a pobreza. Contudo, o orgulho é tolerante com tudo que o satisfaz. E diríeis: "Vivemos na era da ambição e do dinheiro". Sem dúvida! Mas, por que deixastes as necessidades materiais se sobreporem ao bom senso e à razão? Por que cada um quer ficar acima do seu irmão? Hoje a sociedade sofre as consequências.

Não esqueçais que esse estado de coisas é sempre um sinal de decadência moral. Quando o orgulho chega ao limite máximo, é sinal de uma queda próxima, pois Deus sempre pune os orgulhosos. E se algumas vezes os deixa subir, é para lhes dar tempo para refletirem e se corrigirem, sob os golpes que, vez por outra, desfere em seu orgulho a fim de alertá-los. Mas, ao invés de se curvarem, eles se revoltam. Então, quando passam dos limites, Deus os derruba definitivamente. Assim, quanto mais alto tiverem subido, mais terrível é a queda.

Pobre raça humana, cujos caminhos o egoísmo desvirtuou, reanima-te, apesar de tudo! Em Sua infinita misericórdia, Deus envia um poderoso remédio para teus males, um inesperado socorro à tua aflição. Abre os olhos para a luz: eis aqui as almas dos que se foram vindo lembrar-te dos teus verdadeiros deveres! Com a autoridade da experiência, elas te dirão como as vaidades e os valores de tua breve existência são muito pouco diante da eternidade. Elas te dirão que lá o maior será quem tiver sido o mais humilde entre os pequenos da Terra; que aquele que mais amou seus irmãos será também o mais amado no Céu; que os poderosos da Terra, que abusaram da autoridade, serão obrigados a obedecer aos seus servos; que a caridade e a humildade, essas duas irmãs que andam de mãos dadas, são as qualidades mais eficazes para se obter perdão diante do Eterno (Adolfo, Bispo de Argel, Marmande, 1862).

O LIVRO DOS ESPÍRITOS

933. Se muitas vezes o homem é o artífice dos seus sofrimentos materiais, também o será dos seus sofrimentos morais?

- Mais ainda, porque os sofrimentos materiais algumas vezes independem da vontade; mas o orgulho ferido, a ambição frustrada, a ânsia da avareza, a inveja, o ciúme, resumindo, todas as paixões, são torturas da alma.

Inveja e ciúme! Felizes os que não conhecem esses dois vermes roedores! Com inveja e ciúme não há calma, nem repouso possível para quem é atingido por esses males: os objetos da sua cobiça, do seu ódio, do seu despeito levantam-se diante dele como fantasmas que não lhe dão tréguas, e o perseguem até durante o sono. O invejoso e o ciumento vivem em contínuo estado febril. Então, isso será uma situação desejável? E não compreendeis que, com suas paixões, o homem cria para si mesmo suplícios voluntários, e que a Terra se torna um verdadeiro inferno para ele?

VIDA PLENA

"Como tenho lidado com as perdas? Sinto-me abandonado ou percebo que é uma oportunidade de crescimento?".

PRECE

Pai nosso que estais no Céu, que o Vosso reino esteja em nós através do nosso constante esforço de humildade diante das situações que assim exigem. Que o nosso orgulho possa ser combatido pela conscientização de que a nossa pequenez na vida material e passageira significa a nossa grandeza no mundo espiritual e definitivo.

Segunda-feira

Capítulo 8

BEM-AVENTURADOS OS PUROS DE CORAÇÃO (I)

Instruções dos espíritos

DEIXAI VIR A MIM AS CRIANCINHAS

18. Disse o Cristo: "Deixai vir a mim as criancinhas". Profundas em sua singeleza, essas palavras não continham um simples chamamento às crianças, e sim às almas que gravitam nas regiões inferiores, onde o infortúnio não conhece a esperança. Jesus atraía para Si a infância mental das criaturas adultas, como os fracos, os escravos, os deficientes. À infância física, presa à matéria e sujeita ao jugo do instinto, não pertencendo ainda à ordem superior da razão, Ele nada podia ensinar.

Jesus queria que os homens se chegassem a Ele com a confiança desses pequenos seres de passos vacilantes, cujo chamado atrairia para Si o coração das mulheres, que são todas mães. Assim, submetia as almas à Sua terna e misteriosa autoridade. Ele foi o facho que ilumina as trevas, o clarim matinal que anuncia a alvorada. Ele foi o iniciador do espiritismo, que deve, por sua vez, atrair para si não as criancinhas, mas os homens de boa vontade. A poderosa ação já foi iniciada. Já não se trata de acreditar instintivamente e obedecer automaticamente. É preciso que o homem siga a lei inteligente que lhe revelará que ele é universal.

Meus bem-amados, é chegado o tempo em que os erros, uma vez esclarecidos, se transformarão em verdades. Nós vos ensinaremos o sentido exato das parábolas, e vos mostraremos a forte correlação que liga o que foi ao que é. Em verdade vos digo, a manifestação espírita cresce no horizonte, e aqui está seu enviado que vai resplandecer como o Sol sobre o cume das montanhas (João Evangelista, Paris, 1863).

O LIVRO DOS ESPÍRITOS

189. Desde o início da sua formação, o espírito goza da plenitude das suas faculdades?

- Não, porque, como o homem, o espírito também tem sua infância. Em sua origem, os espíritos têm apenas uma existência instintiva; mal têm consciência de si mesmos e de seus atos; só pouco a pouco a inteligência se desenvolve.

190. Qual é o estado da alma na sua primeira encarnação?

- Igual ao estado de infância na vida corporal; sua inteligência mal está desabrochando; exercitando-se para a vida.

191. As almas dos nossos selvagens são almas em estado de infância?

- De infância relativa; mas são almas já desenvolvidas sentem paixões.

191a. As paixões são, então, um sinal de desenvolvimento?

- De desenvolvimento, sim, mas não de perfeição; elas são um sinal de atividade e da consciência do eu, ao passo que na alma primitiva a inteligência e a vida estão em estado de germe.

VIDA PLENA

"Como tenho utilizado o olhar? Tenho sido justo e elevado?".

PRECE

Amado Mestre, obrigado por nos enviar Vossos mensageiros para nos ensinar aquilo que não tínhamos maturidade para compreender quando aqui estivestes. Que a luz consoladora do espiritismo possa transformar nossa infância espiritual em realizações íntimas que nos façam adultos em espírito e verdade.

Terça-feira

Capítulo 8
BEM-AVENTURADOS OS PUROS DE CORAÇÃO (II)

INSTRUÇÕES DOS ESPÍRITOS
DEIXAI VIR A MIM AS CRIANCINHAS

19. ***Deixai vir a mim as criancinhas, pois eu possuo o leite que fortalece os fracos. Deixai vir a mim os tímidos e frágeis, que precisam de apoio e consolo. Deixai vir a mim os ignorantes, para que eu os esclareça. Deixai vir a mim todos os que sofrem, a multidão dos aflitos e dos infelizes, e lhes ensinarei o grande remédio para aliviar os males da vida, e lhes confiarei o segredo para curar as suas feridas!*** Qual é pois, meus amigos, o bálsamo que possui essas poderosas propriedades? Qual é esse bálsamo que se aplica em todas as chagas do coração, e as cicatriza? É o amor, é a caridade! Se possuirdes essa chama divina, o que temereis? Em todos os instantes de vossa vida, podereis dizer: "Meu pai, que seja feita a vossa vontade e não a minha! Se vos agrada experimentar-me pela dor e pelas tribulações, bendito sejais, pois é para o meu bem que vossa mão pesa sobre mim. Se é do vosso agrado, Senhor, ter piedade dessa vossa frágil criatura, dando-me ao coração as alegrias justas, sejais mais uma vez bendito. Mas, fazei com que o amor divino não adormeça em minh'alma, e que ela faça chegar aos vossos pés palavras de reconhecimento!".

Se sentirdes amor no coração, tereis tudo o que se pode desejar na Terra; possuireis a mais valiosa das pérolas, que nenhum percalço, ou mesmo a maldade daqueles que vos odeiam e vos perseguem, poderá vos roubar. Se tiverdes amor, tereis guardado vosso tesouro lá, onde nem a traça nem a ferrugem podem atingi-lo. E, sem perceber, vereis desaparecer de vossa alma tudo o que lhe pode macular a pureza. Sentireis o peso da matéria tornar-se cada dia mais leve, e, como um pássaro que paira nos ares esquecido da Terra, subireis sempre, até que vossa alma, inebriada, possa saciar-se da verdadeira vida no seio do Senhor (Um Espírito Protetor, Bordéus, 1861).

O LIVRO DOS ESPÍRITOS

379. O espírito que anima o corpo de uma criança é tão desenvolvido quanto o de um adulto?

- Pode ser até mais, se progrediu mais; só os órgãos ainda não perfeitos impedem-no de manifestar-se. Ele age de acordo com o instrumento de que dispõe para poder fazê-lo.

383. Qual é, para o espírito, a utilidade de passar pelo estado de infância?

- Ao encarnar, visando a aperfeiçoar-se, nesse período o espírito fica mais suscetível às impressões que recebe e que podem auxiliar seu adiantamento, para o qual devem contribuir os que estão encarregados da sua educação.

384. Por que o choro é o primeiro som emitido pela criança?

- Para despertar o interesse da mãe e atrair para si os cuidados que lhe são necessários. Não vedes que se ela só gritasse de alegria, quando ainda não sabe falar, pouco se preocupariam com os cuidados de que precisa? Admirai, pois, em tudo a sabedoria da Providência.

VIDA PLENA

"O sofrimento glorificará minha vida? A prova dilatará meus poderes?".

PRECE

Senhor, preservai os nossos corações contra o desânimo e a auto-piedade, porque estes são sentimentos inúteis e que impedem o nosso crescimento diante das provas. Fortalecei-nos a vontade e a persistência para que não desistamos do caminho que a Vossa sabedoria traçou para as nossas experiências.

Quarta-feira

Capítulo 9
BEM-AVENTURADOS OS MANSOS E PACÍFICOS

A CÓLERA

10. Segundo a idéia falsa de que não se pode melhorar a própria natureza, o homem se acha dispensado de fazer qualquer esforço para corrigir defeitos com os quais se sente à vontade ou que lhe exigiriam muita perseverança para serem eliminados. É assim, por exemplo, que o homem inclinado à cólera quase sempre se desculpa por seu temperamento: em vez de se achar culpado, atribui a culpa à natureza, acusando a Deus por suas próprias faltas. É ainda uma consequência do orgulho, que está ligado a todas as suas imperfeições.

Sem dúvida, há temperamentos que se prestam mais do que outros aos atos violentos, assim como existem músculos mais flexíveis que melhor se adaptam aos esforços físicos. Não acrediteis, no entanto, que esteja aí a causa principal da cólera, e podeis ter a certeza de que um espírito pacífico, mesmo estando num corpo colérico, será sempre pacífico; e de que um espírito violento, num corpo sem energia, jamais será dócil. A violência tomará apenas outra feição: não tendo um organismo apropriado para se manifestar, a cólera ficará contida e, no outro caso, será escancarada.

O corpo não manifesta a cólera em quem não a possui intimamente, como não manifesta outros vícios. Todas as virtudes e todos os desregramentos são inerentes ao espírito. Se não fosse assim, onde estariam o mérito e a responsabilidade? O homem que possui alguma deformação física não pode tornar-se sadio, pois o espírito nada tem a ver com essa má-formação, mas pode modificar o que diz respeito ao espírito quando tem uma vontade firme. Espíritas, a experiência não vos prova, pelas transformações verdadeiramente milagrosas que vedes acontecer, até onde o poder da vontade é capaz de ir? Convencei-vos, pois, de que *o homem só permanece vicioso porque assim o quer.* Aquele, porém, que deseja se corrigir, sempre o consegue, caso contrário a Lei da Evolução não existiria para o homem (HAHNEMANN, Paris, 1863).

O LIVRO DOS ESPÍRITOS

375. Na loucura, qual é a situação do espírito?

- No estado de liberdade, o espírito recebe diretamente suas impressões e exerce diretamente sua ação sobre a matéria. Encarnado, porém, ele se acha em condições bem diferentes, e na contingência de só fazê-lo com o auxílio de órgãos especiais. Se uma parte ou o conjunto desses órgãos forem alterados, sua ação ou suas impressões, no que diz respeito a esses órgãos, são interrompidas. Se perde os olhos, fica cego; se for o ouvido, fica surdo, etc. Imagina agora que o órgão que preside às manifestações da inteligência e da vontade seja parcial ou totalmente atacado ou modificado, e te será fácil compreender que o espírito, tendo ao seu dispor apenas órgãos incompletos ou alterados, sofrerá uma perturbação de que ele, por si mesmo e no seu foro íntimo, tem perfeita consciência, mas cujo curso ele não consegue deter.

VIDA PLENA

"As minhas contrariedades alteram a natureza das coisas? O que posso fazer para evitar o mal-estar?".

PRECE

Bons espíritos, inspirai-nos a lembrança da brandura e da mansuetude, que tão bem Jesus nos ensinou. Que assim possamos anular a irritação e cólera que tantos males nos causam no corpo e no espírito.

Quinta-feira

Capítulo 10

BEM-AVENTURADOS OS MISERICORDIOSOS (I)

INSTRUÇÕES DOS ESPÍRITOS

PERDÃO DAS OFENSAS

14. *Quantas vezes perdoarei ao meu irmão? Vós o perdoareis não sete vezes, mas setenta vezes sete.* Eis um dos ensinamentos morais que mais deve tocar vossa mente e mais alto falar ao vosso coração. Comparai essas palavras de misericórdia com a prece do *Pai Nosso* que Jesus ensinou aos Seus discípulos, tão singela, tão concisa, mas tão grandiosa, e encontrareis sempre o mesmo pensamento. Jesus, o justo por excelência, responde a Pedro: "Perdoarás, mas sem limites. Perdoarás cada ofensa, tantas vezes quantas forem as ofensas feitas. Ensinarás a teus irmãos esse esquecimento de si mesmos que os torna invulneráveis ao ataque, aos maus procedimentos e às injúrias. Serás brando e humilde de coração, não medindo jamais a tua mansuetude. Farás, enfim, o que desejas que o Pai Celeste faça por ti. Ele já não te perdoou tantas vezes? Acaso Ele conta quantas vezes Seu perdão desce do Alto para apagar as tuas faltas?".

Conservai na mente essa resposta de Jesus, e, assim como Pedro, aplicai-a a vós mesmos. Perdoai; usai de indulgência; sede caridosos, generosos, pródigos mesmo, no vosso amor. Então, o Senhor vos restituirá. Perdoai, e o Senhor vos perdoará.

Rebaixai-vos, e o Senhor vos elevará. Humilhai-vos, e o Senhor vos fará sentar à Sua direita.

Ide, meus bem-amados, estudai e disseminai essas palavras que vos dirijo da parte d'Aquele que, do alto dos esplendores celestes, sempre olha para vós e continua com amor a tarefa ingrata que começou há vinte séculos. Perdoai aos vossos irmãos como vós mesmos tendes necessidade de perdão. Se os seus atos vos prejudicaram pessoalmente, aí está um motivo a mais para serdes indulgentes, pois o mérito do perdão é proporcional à gravidade do mal cometido. Não haveria merecimento algum em relevar as faltas de vossos irmãos, se elas vos causassem apenas simples arranhões.

Espíritas, não vos esqueçais nunca de que, tanto por palavras, como por atos, "perdoar as injúrias" não deve ser uma expressão vã. Se vos dizeis espíritas, sede-o de fato! Esquecei o mal que vos tenham feito, e pensai apenas numa coisa: no bem que podeis fazer. Quem entrou nesse caminho, nem em pensamento deve afastar-se dele, porque sois responsáveis por vossos pensamentos, e Deus os conhece. Deus sabe o que existe no fundo do coração de cada um. ***Portanto, feliz daquele que todas as noites pode adormecer dizendo: "Nada tenho contra meu próximo"*** (Simeão, Bordéus, 1862).

O LIVRO DOS ESPÍRITOS

973. Quais são os maiores sofrimentos pelos quais os maus espíritos podem passar?

- Não é possível descrever as torturas morais que constituem a punição para certos crimes. Mesmo quem as sofre teria dificuldade em dar-vos uma idéia do que são; mas, sem dúvida, a mais terrível é o pensamento de que está irrevogavelmente condenado.

VIDA PLENA

"Qual tem sido o meu sentimento para com os que se mostram fracos diante das tentações do crime e das paixões?".

PRECE

Meu bom Deus, não permitais que esqueçamos de perdoar aqueles que nos ofendem, pois somos ainda muito egoístas em pensar que somente nós é que merecemos o perdão. Que possamos nos lembrar, com sentimento profundo, as palavras de Jesus, de que devemos perdoar quantas vezes se for necessário.

Sexta-feira

Capítulo 10
BEM-AVENTURADOS OS MISERICORDIOSOS (II)

Instruções dos espíritos
A INDULGÊNCIA

17. Sede indulgentes com relação às faltas alheias, sejam elas quais forem. Julgai com severidade somente vossas próprias ações, e o Senhor usará de indulgência para convosco, conforme a tiverdes usado para com os outros. Apoiai os fortes, encorajando-os a perseverar no bem. Fortalecei os fracos, mostrando-lhes a bondade de Deus que considera até mesmo o menor arrependimento. Mostrai a todos o anjo da contrição que estende suas asas brancas sobre as faltas humanas, ocultando-as, assim, dos olhos de quem não pode tolerar o que é impuro. Compreendei todos a misericórdia infinita de vosso Pai, e nunca vos esqueçais de Lhe dizer, por meio de vossos pensamentos e principalmente de vossos atos: "Perdoai as nossas ofensas, assim como nós perdoamos a quem nos tem ofendido". Compreendei bem o valor dessas palavras sublimes, pois não são admiráveis somente pelas palavras, mas também pelo ensinamento que possuem.

O que pedis ao Senhor quando implorais que Ele vos perdoe? Apenas o esquecimento de vossas ofensas? Pois digo que esse esquecimento vos deixaria sem nada, pois, se Deus Se limitasse a esquecer vossas faltas, não vos puniria, ***mas também não vos recompensaria.*** E a recompensa não pode ser a paga pelo bem que não se fez, menos ainda pelo mal que se fez, mesmo que esse mal tenha sido esquecido. Ao pedir-Lhe perdão por vossas transgressões, pedis, portanto, o favor de Suas graças para não voltardes a transgredir. Pedis a força necessária para tomar um novo caminho de submissão e de amor, no qual podereis unir ao arrependimento a reparação do erro.

Quando perdoardes os vossos irmãos, não vos contenteis em estender o véu do esquecimento sobre suas faltas. Muitas vezes, esse véu é muito transparente aos vossos olhos. Acrescentai amor junto com o perdão. Fazei por eles o mesmo que pediríeis que vosso Pai Celeste fizesse por vós. Substituí a cólera que mancha pelo amor que purifica. Pregai, pelo exemplo, essa caridade ativa e incansável que Jesus vos ensinou. Pregai-a como Ele próprio o fez enquanto viveu na Terra, visível aos olhos do corpo, e como ainda a prega, incessantemente, depois que Se fez visível somente aos olhos do espírito. Segui esse divino modelo. Caminhai pelos Seus passos, pois eles vos conduzirão ao refúgio onde devereis encontrar repouso após a luta. Como Ele, carregai todos a vossa cruz e percorrei o caminho do vosso calvário com sacrifício, mas corajosamente: no seu cume estará a glorificação (JOÃO, Bispo de Bordéus, 1862).

O LIVRO DOS ESPÍRITOS

294. A lembrança das más ações que dois homens possam ter cometido, um contra o outro, pode ser um impedimento à simpatia entre eles?

- Sim, leva-os a se afastarem.

295. Após a morte, qual é o sentimento daqueles a quem prejudicamos neste mundo?

- Se são bons, perdoam, segundo vosso arrependimento. Se são maus, podem guardar ressentimentos e, às vezes, perseguir-vos até numa outra existência. Deus pode permiti-lo como punição.

VIDA PLENA

"Como tenho encarado essas situações adversas: o amigo que desertou, a mulher que fugiu, o companheiro ingrato e o irmão incompreensível?".

PRECE

Senhor, somos ainda crianças inseguras e egoístas no campo do perdão e do esquecimento das ofensas; como esquecer sem antes perdoar? Despertai em nós a vontade de compreender essa sublime lição da qual foste o inesquecível exemplo.

Sábado

Capítulo 10
BEM-AVENTURADOS OS MISERICORDIOSOS (III)

Instruções dos espíritos
A INDULGÊNCIA

18. Caros amigos, sede severos para convosco e indulgentes para com as fraquezas dos outros. Essa é uma prática da santa caridade que poucas pessoas observam. Todos vós tendes más tendências a dominar, defeitos a corrigir, hábitos a mudar. Todos vós tendes um fardo, relativamente pesado, de que precisais vos livrar para chegar ao cume da montanha do progresso. Por que então enxergais com tanta clareza, quando se trata do próximo, e sois tão cegos com relação a vós mesmos? Quando deixareis de notar no olho de vosso irmão o cisco tão minúsculo que o incomoda, sem perceber no vosso a trave que vos cega e que faz com que andeis de queda em queda? Acreditai nos espíritos, vossos irmãos: todo homem que é orgulhoso o suficiente para achar-se superior aos seus irmãos encarnados, em virtudes e méritos, é insensato e culpado. Deus o julgará por isso, quando chegar o dia de Sua justiça. Os verdadeiros atributos da caridade são a modéstia e a humildade, que consistem em ver os defeitos dos outros apenas superficialmente, e em empenhar-se por valorizar o que neles existe de bom e virtuoso, pois, embora o coração humano seja um abismo de corrupção, sempre existe, em alguma de suas regiões mais

ocultas, a semente dos bons sentimentos, a centelha viva da essência espiritual.

Espiritismo, doutrina consoladora e bendita! Felizes daqueles que te conhecem e que assimilam os salutares ensinamentos dos espíritos do Senhor! Para eles, o caminho está iluminado, e, durante o percurso, podem ler estas palavras que lhes indicam o meio de se chegar ao objetivo: caridade prática, caridade de coração, caridade para com o próximo como para consigo mesmo. Enfim, caridade para com todos e amor a Deus acima de todas as coisas, porque o amor a Deus resume todos os deveres e porque é impossível amar realmente a Deus sem praticar a caridade que Ele estabelece como lei para todas as Suas criaturas (DUFÊTRE, Bispo de Nevers, Bordéus).

O LIVRO DOS ESPÍRITOS

296. As afeições individuais dos espíritos podem sofrer alteração?

- Não, pois eles não podem enganar-se; não têm mais a máscara sob a qual se escondem os hipócritas. Eis por que, quando são puros, suas afeições são inalteráveis. Para eles, o amor que os une é a fonte de uma felicidade suprema.

287. Qual é a acolhida que a alma tem no seu retorno ao mundo dos espíritos?

- A do justo, como um irmão bem-amado aguardado há muito tempo; a do mau, como um ser desprezível.

288. Qual é a sensação dos espíritos impuros diante da chegada entre eles de outro mau espírito?

- Os maus ficam satisfeitos ao ver seres iguais a eles e, como eles, privados da felicidade infinita, como acontece na Terra com um tratante entre seus iguais.

299. Em que sentido se deve entender a palavra *metade*, que alguns espíritos usam quando se referem a espíritos afins?

- A expressão é inexata. Se um espírito fosse a metade de outro, uma vez separado dele estaria incompleto.

VIDA PLENA

"Tenho conseguido medir, sem medo e desânimo, a minha capacidade de amar?".

PRECE

Bom Deus, apagai de nossos corações as manchas do orgulho mostrando-nos a importância de sermos humildes e caridosos.

Domingo

Capítulo II
AMAR AO PRÓXIMO COMO A SI MESMO (I)

Instruções dos espíritos
O EGOÍSMO

11. O egoísmo, esta chaga da humanidade, deve desaparecer da Terra porque impede a sua evolução moral. É ao espiritismo que está reservada a tarefa de fazer a Terra elevar-se na hierarquia dos mundos. O egoísmo é, portanto, o alvo contra o qual todos os verdadeiros cristãos devem dirigir suas armas, suas forças, sua coragem. Digo coragem, porque é preciso mais coragem para vencer a si próprio do que aos outros. Que cada um, então, empenhe todos os esforços para combatê-lo dentro de si, pois esse monstro devorador de todas as inteligências, esse filho do orgulho, é a fonte de todas as misérias deste mundo. Ele é a negação da caridade e, consequentemente, o maior empecilho à felicidade dos homens.

Jesus vos deu o exemplo da caridade, e Pôncio Pilatos, o do egoísmo. Enquanto o Justo vai percorrer as santas estações de seu martírio, ou melhor, o caminho do calvário, Pilatos lava as mãos, dizendo: "Que me importa!". E disse aos judeus: "Este homem é justo, por que quereis crucificá-Lo?". Mas, no entanto, permite que O conduzam ao suplício.

É a esse antagonismo entre a caridade e o egoísmo, à contaminação por essa lepra que invadiu o coração humano, que o cristianismo deve o fato de ainda não ter cumprido toda a sua missão. É a vós, novos apóstolos da fé, esclarecidos pelos espíritos superiores, que cabe a tarefa e o dever de extirpar esse mal, para dar ao cristianismo toda a sua força e descartar os obstáculos que lhe impedem a marcha. Expulsai o egoísmo da Terra, para que ela possa elevar-se na escala dos mundos, pois já é tempo de a humanidade crescer, mostrar-se adulta! Mas para isso é preciso, antes, banir do vosso coração o egoísmo (EMMANUEL, Paris, 1861).

O LIVRO DOS ESPÍRITOS

916. Longe de diminuir, o egoísmo aumenta com a civilização, que parece excitá-lo e fomentá-lo. Como poderá a causa destruir o efeito?

- Quanto maior for, mais terrível é o mal; seria preciso que o egoísmo causasse um mal muito grande para que todos compreendessem a necessidade de erradicá-lo. Quando os homens tiverem se despido do egoísmo que os domina, viverão como irmãos, sem se fazerem mal algum, auxiliando-se mutuamente, levados pelo sentimento recíproco da solidariedade. Então, o forte será o apoio e não o opressor do fraco, e não se verão mais homens aos quais falte o necessário, porque todos praticarão a Lei de Justiça. Esse é o reino do bem, que os espíritos estão encarregados de preparar.

VIDA PLENA

"Estendo sempre a mão ao que necessita de apoio, ou ainda sinto receio de ajudar?".

PRECE

Mestre amado, afastai de nós todo sentimento que impede que façamos o bem ao nosso semelhante. Que o nosso egoísmo, esse defeito que adquirimos quando ainda éramos crianças espirituais, possa ir se extinguindo dos nossos corações através do esforço que fazermos para sermos desprendidos e caridosos em todos os sentidos.

Segunda-feira

Capítulo II

AMAR AO PRÓXIMO COMO A SI MESMO (II)

A FÉ E A CARIDADE

13. Meus queridos filhos, eu vos disse recentemente que a caridade sem a fé não basta para manter uma ordem social entre os homens, capaz de torná-los felizes. Eu deveria ter dito que a caridade é impossível sem a fé. Na verdade, podeis encontrar impulsos generosos até mesmo numa pessoa sem religião, mas só a fé pode inspirar a caridade austera, que se pratica apenas por meio da abnegação e do sacrifício de qualquer interesse egoísta, pois somente ela nos permite carregar com coragem e perseverança a cruz desta vida.

Sim, meus filhos, em vão o homem ávido de prazeres tenta iludir-se quanto ao seu destino neste mundo, afirmando que lhe é permitido preocupar-se apenas com sua felicidade. Por certo, Deus nos criou para sermos felizes na eternidade. Entretanto, a vida terrestre deve servir unicamente para o nosso aperfeiçoamento moral, que se consegue mais facilmente com o auxílio do corpo físico e do mundo material. Sem contar que os problemas da vida, a diversidade dos vossos gostos, das vossas tendências e das vossas necessidades são também um meio de vos aperfeiçoardes, exercitando-vos na caridade, pois somente à custa de concessões e de sacrifícios mútuos é que podeis manter a harmonia entre elementos tão diferentes.

Tendes razão, entretanto, ao afirmar que a felicidade está destinada ao homem na Terra, se a buscardes não nos prazeres materiais, mas no bem. A história da cristandade nos fala de mártires que foram para o suplício com alegria. Hoje, na vossa sociedade, para serdes cristãos, não é mais necessário o holocausto do martírio nem o sacrifício da vida, mas única e simplesmente o sacrifício do vosso egoísmo, do vosso orgulho e da vossa vaidade. Triunfareis, se a caridade vos inspirar e se a fé for vossa sustentação (UM ESPÍRITO PROTETOR, Cracóvia, 1861).

O LIVRO DOS ESPÍRITOS

318. As idéias dos espíritos mudam quando na erraticidade?

- Muito; passam por grandes modificações à medida que o espírito se desmaterializa. Às vezes, podem continuar por muito tempo com as mesmas idéias, mas pouco a pouco a influência da matéria diminui e eles vêem as coisas com mais clareza. É então que buscam os meios para aperfeiçoar-se.

319. Uma vez que o espírito já viveu a vida espírita antes da sua encarnação, como se explica sua estranheza ao reentrar no mundo dos espíritos?

- É só a impressão do primeiro momento e da perturbação que acompanha o despertar. Mais tarde, ele se orienta perfeitamente, à medida que lhe volta a lembrança do passado e a sensação da vida terrestre se apaga.

VIDA PLENA

"Onde tenho procurado a felicidade: nos prazeres do mundo ou no significado maior da vida?".

PRECE

Senhor, que o nosso trabalho em favor do próximo seja sempre espontâneo, sem interesse de receber algo em troca daquilo que sabemos ser a nossa obrigação.

Terça-feira

Capítulo II

AMAR AO PRÓXIMO COMO A SI MESMO (III)

CARIDADE PARA COM OS CRIMINOSOS

14. A verdadeira caridade é um dos mais sublimes ensinamentos de Deus. Entre os verdadeiros seguidores de Sua doutrina deve existir uma completa fraternidade. Deveis amar os desventurados e os criminosos como criaturas de Deus, a quem serão concedidos o perdão e a misericórdia, desde que se arrependam, como também serão dadas a vós, pelas faltas que cometeis contra a Sua Lei. Considerai que sois mais censuráveis, mais culpados do que aqueles aos quais recusais perdão e misericórdia, pois muitas vezes eles não conhecem Deus como vós O conheceis, e, por essa razão, menos será exigido deles do que de vós.

Ah, não julgueis! Não julgueis, meus caros amigos, pois o julgamento que fizerdes vos será aplicado ainda mais severamente, e tendes necessidade de indulgência para os pecados que cometeis com frequência. Acaso não sabeis que há muitos atos que são crimes aos olhos do Deus de pureza, e que o mundo nem sequer os considera como faltas leves?

A verdadeira caridade não consiste apenas na esmola que dais, nem mesmo nas palavras de consolo que lhe acrescentais. Não! Não é apenas isso que Deus exige de vós. A caridade sublime, ensinada por Jesus, consiste também na benevolência concedida sempre, e em todas as coisas, ao vosso próximo. Podeis também exercitar essa sublime virtude com muitas outras criaturas que não precisam de esmolas, e que palavras de amor, consolo e encorajamento conduzirão ao Senhor.

Torno a dizer, aproximam-se os tempos em que a grande fraternidade reinará neste mundo. A Lei do Cristo é a lei que regerá os homens: só ela será freio e esperança, e conduzirá as almas às moradas bem-aventuradas. Amai-vos, pois, como filhos de um mesmo pai. Não façais distinção entre vós e os infelizes, porque Deus quer que todos sejam iguais; não desprezeis ninguém. Deus permite que grandes criminosos estejam entre vós, a fim de vos servir de ensinamento. Em breve, quando os homens acatarem as verdadeiras leis de Deus, não haverá mais necessidade desses ensinamentos, e ***todos os espíritos impuros e revoltados serão dispersados em mundos inferiores, de acordo com as suas tendências.***

Deveis àqueles de quem vos falo o socorro de vossas preces: esta é a verdadeira caridade. Não se deve dizer a respeito de um criminoso: "É um miserável. É preciso livrar a Terra de sua presença. A morte a que foi condenado é suave demais para uma criatura dessa espécie". Não. Não é assim que deveis falar. Considerai Jesus vosso modelo. Que diria Ele se visse esse infeliz ao Seu lado? Ele o lamentaria; o consideraria um pobre doente e lhe estenderia a mão. Na verdade, não podeis fazer o mesmo, mas pelo menos podeis orar por ele e dar assistência a seu espírito, durante os instantes que ainda deve permanecer na Terra. O arrependimento pode tocar seu coração, se orardes com fé. Ele é vosso próximo também, como o é o melhor dentre os homens. Sua alma confusa e revoltada foi criada, como a vossa, para aperfeiçoar-se. Ajudai-o, pois, a sair do lamaçal e orai por ele (Elisabeth de França, Havre, 1862).

O LIVRO DOS ESPÍRITOS

398. Como as tendências instintivas do homem são uma reminiscência do seu passado, através do estudo dessas tendências ele poderia ter consciência das faltas que cometeu?

- Sem dúvida, até certo ponto. É preciso, porém, levar em conta o aperfeiçoamento pelo qual o espírito tenha passado

e as resoluções que tomou na erraticidade. A existência atual pode ser bem melhor do que a anterior.

398a. Ela pode ser pior, ou seja, o homem pode, numa existência, cometer faltas que não tenha cometido na existência anterior?

- Depende do seu adiantamento. Se não conseguir resistir às provas, pode ser conduzido a novas faltas, que são consequência da situação que escolheu. Essas faltas, no entanto, geralmente indicam mais um estado estacionário do que retrógado, pois o espírito pode avançar ou parar, porém jamais retroceder.

VIDA PLENA

"Consigo enxergar nas pessoas apenas suas sombras ou busco nelas pontos de luz para clarear minhas considerações?".

PRECE

Senhor, que possamos compreender àqueles que ainda não conhecem Vossas leis e ignoram o Vosso imenso amor. Que possamos aprender a amá-los aceitando suas fraquezas, porque nós mesmos somos ainda muito fracos em diversos assuntos de ordem moral.

Quarta-feira

Capítulo 12

AMAI OS VOSSOS INIMIGOS (I)

Instruções dos espíritos

A VINGANÇA

9. A vingança é um dos últimos sentimentos remanescentes dos bárbaros que tendem a desaparecer entre os homens. Como o duelo, é um dos derradeiros vestígios dos costumes selvagens sob os quais a humanidade se debatia no início da era cristã, razão pela qual é um indício seguro do estado de atraso dos homens que a ela se entregam e dos espíritos que ainda conseguem incitá-la. Por isso, meus amigos, esse sentimento jamais deve fazer vibrar o coração de quem se diz e se proclama espírita. Vingar-se, vós o sabeis, contraria de tal forma o preceito do Cristo que diz: "Perdoai aos vossos inimigos", que quem se recusa a perdoar não só não é espírita, como também não é cristão. A vingança é uma inspiração ainda mais funesta porque a falsidade e a baixeza são suas companheiras inseparáveis. Quem se entrega a essa paixão cega e fatal nunca se vinga às claras: se é o mais forte, investe como um animal selvagem sobre aquele a quem chama de inimigo, pois a simples visão do outro lhe acende a paixão, a cólera e o ódio. E sempre o faz ocultando-se sob uma aparência dissimulada, quando na verdade os maus sentimentos é que habitam o seu coração. Na sombra, segue o inimigo, que de nada desconfia, aguardando

o momento oportuno para abatê-lo sem se arriscar. Espreita-o continuamente, estende-lhe armadilhas odiosas e, na primeira oportunidade, derrama-lhe o veneno no copo.

Quando seu ódio não chega a esses extremos, então o ataca na honra e nos afetos. Não hesita diante da calúnia, e suas maldosas insinuações, habilmente espalhadas aos quatro ventos, vão se avolumando pelo caminho. Assim, quando o perseguido se apresenta nos lugares por onde o hálito envenenado do perseguidor passou, se espanta ao ver rostos frios onde outrora encontrava semblantes amigos e acolhedores; fica assombrado quando mãos que buscavam a sua, agora se recusam a apertá-la. Enfim, fica arrasado quando seus mais caros amigos e seus parentes se esquivam e fogem dele. Ah! O covarde que se vinga dessa forma é cem vezes mais culpado do que aquele que vai direto ao inimigo e o insulta cara a cara.

Basta desses costumes selvagens! Basta desses costumes de outros tempos! Qualquer espírita que ainda hoje pretendesse ter o direito de vingar-se seria indigno de figurar por mais tempo entre aqueles que tomaram por lema: ***Fora da caridade não há salvação!*** Mas não, eu sequer posso imaginar que um membro da grande família espírita seja tentado a ceder, algum dia, ao impulso da vingança, ao invés de perdoar (JULES OLIVIER, Paris, 1862).

O LIVRO DOS ESPÍRITOS

531. A maldade dos seres que nos fizeram mal na Terra se extingue quando sua vida corporal acaba?

- Muitas vezes eles reconhecem sua injustiça e o mal que fizeram; mas frequentemente também vos perseguem com sua animosidade, se Deus o permite, para continuar a vos provar.

531a. Pode-se pôr fim a isso, e de que modo?

- Sim, pode-se orar por eles e, retribuindo-lhes o mal com o bem, acabarão por compreender seus erros. Além do mais, se soubermos nos colocar acima das suas maquinações, eles desistirão ao ver que nada ganham com isso.

A experiência mostra que alguns espíritos levam adiante

sua vingança, de uma existência a outra, e que expiamos assim, cedo ou tarde, as injustiças que possamos ter cometido contra alguém.

VIDA PLENA

"Tenho o hábito de fazer auto-análise? Consigo perceber minhas reações e atitudes?".

PRECE

Senhor Jesus, sempre que o pensamento de vingança se ocupar de nossas mentes, lembrai-nos de que também damos e poderemos dar motivo para sentimento semelhante. Que nesses momentos de fraqueza possamos nos esforçar para sentirmos o prazer do perdão e o consequente alívio de não sentir ódio.

Quinta-feira

Capítulo 12
AMAI OS VOSSOS INIMIGOS (II)

Instruções dos espíritos
O DUELO

14. "Que opinião terão de mim, se eu me negar a reparação que me é cobrada, ou se não pedir satisfações a quem me ofendeu?", perguntai a si próprios, muitas vezes. Os tolos, como vós, os homens atrasados, vos criticarão, mas os que estão esclarecidos pela chama do progresso intelectual e moral dirão que agis com sabedoria. Refleti um pouco: muitas vezes, por causa de uma palavra dita impensadamente por um de vossos irmãos, ou até mesmo sem intenção de ofender, vosso orgulho se rebela e retrucais de modo agressivo. Daí, logo começa a provocação. Antes de tomar alguma decisão, por acaso vos perguntais se estais agindo como cristãos? E que contas devereis prestar à sociedade, se a privardes de um de seus membros? Pensais no remorso por subtrair de uma mulher o marido, de uma mãe o filho, dos filhos o pai e seu sustento? Certamente, aquele que ofendeu deve uma satisfação, mas não é mais honroso justificar-se espontaneamente, reconhecendo os erros, do que expor a vida de quem tem o direito de se queixar?

Com relação ao ofendido, concordo que algumas vezes ele pode sentir-se gravemente atingido, seja no que diz respeito à sua pessoa ou àqueles que lhe são caros. Não é somente o amor-próprio que está em jogo: seu coração está ferido, ele está sofrendo. Mas, além de ser uma estupidez arriscar a vida contra um miserável capaz de uma infâmia, será que, morto o miserável, a afronta deixará de existir? Não parece claro que sangue derramado não dá mais notoriedade a um fato que, sendo falso, logo cairá no esquecimento e que, sendo verdadeiro, será ocultado pelo silêncio? Nada resta, pois, a não ser a satisfação da vingança saciada. Ah! Triste satisfação, que muitas vezes deixa, já nesta vida, um profundo remorso. E se quem sucumbe é o ofendido, onde está a reparação?

Quando a caridade for a regra de conduta dos homens, eles moldarão os seus atos e as suas palavras segundo a máxima *Não façais aos outros o que não gostaríeis que vos fizessem*. Então, todas as causas das desavenças desaparecerão, e com elas as causas dos duelos e também das guerras, que, no fundo, são os duelos entre as nações (FRANCISCO XAVIER, Bordéus, 1861).

O LIVRO DOS ESPÍRITOS

303. Espíritos que hoje não têm afinidade poderão vir a sentir mútua simpatia mais tarde?

- Sim, todos a sentirão.Assim, um espírito que hoje estiver numa determinada esfera inferior, ao aperfeiçoar-se alcançará a esfera em que se encontra o outro. Seu encontro ocorrerá mais depressa se o espírito mais elevado, resistindo mal às provas a que se submeteu, tiver permanecido estacionário.

303a. Dois espíritos unidos por simpatia recíproca podem deixar de senti-la?

- Certamente, se um deles for preguiçoso.

A teoria das metades eternas é uma imagem que representa a união de dois espíritos afins; é uma expressão usada até mesmo na linguagem corrente e que não se deve tomar ao pé da letra. Os espíritos que a empregaram certamente não pertencem a uma ordem elevada; a esfera das suas idéias é forçosamente limitada, e eles devem ter expressado seus pensamentos usando palavras que talvez usassem durante sua vida corporal. Deve-se, portanto, rejeitar a idéia de que, criados um para o outro, dois espíritos devem fatalmente reunir-se um dia na eternidade, depois de terem estado separados por um lapso de tempo mais ou menos longo.

VIDA PLENA

"Alimento ódios, atirando fogo ao meu próprio coração?".

PRECE

Senhor, que saibamos compreender que o ódio e a vingança são obstáculos que nos impedem de amar os nosso inimigos. Que possamos compreender que esse amor é, acima de tudo, a nossa capacidade de esquecer as ofensas e aceitar as fraquezas dos nossos semelhantes.

Sexta-feira

Capítulo 13
QUE VOSSA MÃO ESQUERDA NÃO SAIBA O QUE FAZ VOSSA MÃO DIREITA (I)

INSTRUÇÕES DOS ESPÍRITOS
A CARIDADE MATERIAL E A CARIDADE MORAL

10. Meus amigos, tenho ouvido muitos dentre vós perguntarem-se: "Como posso fazer caridade, se muitas vezes não tenho nem o necessário?".

A caridade, amigos, se faz de muitas maneiras. Podeis fazer caridade por pensamentos, por palavras e por ações. Por pensamentos, orando pelos pobres abandonados que desencarnaram sem ter tido condições de enxergar a luz. Uma prece vinda do coração os alivia. Por palavras, dirigindo bons conselhos aos vossos companheiros do dia-a-dia. Dizei aos amargurados pelo desespero, pelas privações, e que blasfemam contra o nome do Altíssimo: "Eu era como vós; sofria, era infeliz, mas acreditei no espiritismo e, vede, agora sou feliz!". Aos idosos que vos disserem : "É inútil, estou no fim da vida; morrerei tal como vivi", dizei-lhes: "Deus tem a mesma justiça para todos nós. Lembrai-vos dos trabalhadores da última hora". Às crianças que, já viciadas pelos que as cercam, vagueam pelas ruas, prestes a sucumbir às más tentações, dizei-lhes: "Deus tomará conta de vós, pequeninos!". E não vos canseis de repetir várias vezes essas palavras amigas, pois elas acabarão por germinar em suas mentes, e, em lugar de pequenos andarilhos, tereis feito homens. Isso também é caridade.

Muitos dentre vós dizem também: "Ora, somos tantos na Terra, Deus não pode ver a todos nós!". Então escutai bem isto, meus amigos: Quando estais no alto de uma montanha, vosso olhar não abrange os bilhões de grãos de areia que a recobrem? Pois é dessa forma que Deus vos observa. Ele vos permite usar o livre-arbítrio, assim como deixa os grãos de areia correrem ao vento que os dispersa. Só que, em Sua infinita misericórdia, Ele colocou no fundo de vosso coração uma sentinela que se chama *consciência*. Escutai-a! Ela vos dará somente bons conselhos. Às vezes podereis entorpecê-la opondo-lhe o espírito do mal. E então ela se cala. Mas ficai certos de que a pobre relegada se fará ouvir, assim que a deixardes perceber a sombra do vosso remorso. Escutai-a, interrogai-a, e então sereis consolados pelos conselhos que dela tiverdes recebido.

Meus amigos, a cada novo regimento o general entrega uma bandeira. De minha parte, ofereço-vos esta máxima de Jesus: "Amai-vos uns aos outros". Praticai-a! Reuni-vos todos em torno dessa bandeira, e recebereis a felicidade e a consolação (Um Espírito Protetor, Lyon, 1860).

O LIVRO DOS ESPÍRITOS

898. Como a vida corporal é somente uma estada temporária neste mundo, e como o futuro deve ser nossa principal preocupação, é útil adquirir conhecimentos científicos que só dizem respeito às coisas e às necessidades materiais?

- Sem dúvida. Inicialmente, isso vos capacita a auxiliar vossos irmãos; a seguir, vosso espírito se elevará mais depressa se já tiver progredido quanto à inteligência. Nos intervalos das encarnações, em uma hora aprendereis o que levaria anos na Terra. Não há conhecimento inútil; todos contribuem de alguma forma para o progresso, porque o espírito perfeito deve saber tudo, e como o progresso precisa ocorrer em todos os sentidos, todas as idéias adquiridas contribuem para o desenvolvimento do espírito.

VIDA PLENA

"Quando ajo com firmeza, faço com bondade ou caminho para a petrificação?".

PRECE

Senhor, que nesta atual existência possamos utilizar os conhecimentos que adquirimos para melhorar a vida daqueles que sofrem e que não os possuem. Façai de nós as ferramentas da Vossa bondade, nos estimulando a servir àqueles que passam pelas provas das necessidades materiais.

Sábado

Capítulo 13
QUE VOSSA MÃO ESQUERDA NÃO SAIBA O QUE FAZ VOSSA MÃO DIREITA (II)

Instruções dos Espíritos
A BENEFICÊNCIA

11. Meus amigos, a beneficência vos dará neste mundo os mais puros e doces prazeres; vos dará as alegrias do coração que não são perturbadas nem pelo remorso nem pela indiferença. Ah, se pudésseis compreender tudo o que existe de sublime e doce na generosidade das belas almas!... Esse sentimento que faz com que vejamos o próximo com o mesmo olhar com que olhamos para nós mesmos; que faz com que nos desnudemos com alegria para cobrir nosso irmão. Se pudésseis, meus amigos, ter como ocupação maior fazer os outros felizes!... Que festas do mundo se comparam à alegria que se sente quando se leva conforto às pobres famílias que da vida só conhecem as dificuldades e as amarguras?! Ah! Quando se vê esses rostos pálidos brilharem de esperança, pois antes não tinham sequer o pão para comer; esses pobres infelizes e seus filhinhos, que, ignorando que viver é sofrer, antes gritavam, choravam, repetiam palavras que penetram como um punhal afiado no coração materno: "Estou com fome!", então podereis compreender como é maravilhosa a sensação de quem vê a alegria renascer onde um minuto antes via-se apenas desespero! Compreendei quais são as vossas obrigações para com vossos irmãos! Ide, ide, antecipai-vos aos infortúnios! Ide, principalmente em socorro das misérias

ocultas, pois são as mais dolorosas! Ide, meus bem-amados, e lembrai-vos destas palavras do Salvador: "Quando vestirdes um destes pequeninos, pensai que é a mim que o fazeis!".

Caridade... palavra sublime que resume todas as virtudes, és tu que deves conduzir os povos à felicidade. Praticando-te, colherão alegrias infinitas no futuro, e, durante o exílio na Terra, serás sua consolação e a antecipação das alegrias que desfrutarão mais tarde, quando todos se abraçarão unidos no seio do Deus de amor. Foste tu, virtude divina, que me proporcionaste os únicos momentos de felicidade que senti na Terra. Que meus irmãos encarnados possam crer na voz do amigo que lhes fala e lhes diz: "É na caridade que deveis buscar a paz do coração, o contentamento da alma e o remédio contra as aflições da vida". Ah! Quando estiverdes a ponto de acusar a Deus, lançai um olhar abaixo de vós. Vede quanta miséria a aliviar, quantas crianças sem família, quantos velhos sem uma mão amiga para ampará-los e lhes fechar os olhos quando a morte os reclamar! Quanto bem a ser feito! Ah, não vos lamenteis! Ao contrário, agradecei a Deus, e distribuí fartamente vossa simpatia, vosso amor e vossos recursos entre todos os que definham solitários no sofrimento, deserdados dos bens deste mundo. Colhereis aqui na Terra muitas alegrias, e mais tarde... só Deus sabe!... (ADOLFO, Bispo de Argel, Bordéus, 1861).

O LIVRO DOS ESPÍRITOS

895. Excetuando-se os defeitos e vícios, a respeito dos quais ninguém poderia enganar-se, qual é o sinal mais característico da imperfeição?

- O interesse pessoal. As qualidades morais são como a camada dourada aplicada a um objeto de cobre, e que não resiste à pedra de toque. Um homem pode possuir qualidades reais que fazem dele, aos olhos de todos, um homem de bem; mas essas qualidades, embora sejam um progresso, nem sempre resistem a certas provas, e às vezes basta tocar na corda do interesse pessoal para pôr o fundo a descoberto. O verdadeiro desinteresse é mesmo algo tão raro na Terra, que é admirado como um fenômeno quando se manifesta.

O apego às coisas materiais é um sinal evidente de inferioridade, porque, quanto mais valor dá aos bens deste mundo, menos o homem compreende seu destino. Pelo desinteresse, ao contrário, ele prova que vê o futuro de um ponto mais elevado.

VIDA PLENA

"Leio livros maravilhosos, com emoção e lágrimas; todavia, procuro aplicar o que li?".

PRECE

Senhor, não permitai que fujamos das nossas obrigações de caridade, principalmente quando nos sentimos incapazes de atender aos pedidos de ajuda que recebemos. Que possamos ter bom senso para decidir sempre pelo que for melhor e sendo justos para quem nos pede ajuda.

Domingo

Capítulo 13
QUE VOSSA MÃO ESQUERDA NÃO SAIBA O QUE FAZ VOSSA MÃO DIREITA (III)

Instruções dos espíritos
OS ÓRFÃOS

18. Meus irmãos, amai os órfãos! Se soubésseis o quanto é triste estar sozinho e abandonado, principalmente na infância! Deus permite que existam órfãos para vos animar a lhes servir de pais. Que divina caridade é ajudar uma pobre criaturinha abandonada; impedir que passe fome e frio; orientar sua alma para que não se desencaminhe no vício! Quem estende a mão à criança abandonada agrada a Deus, porque compreende e pratica Sua Lei. Pensai também que, muitas vezes, a criança que socorreis vos foi cara em uma outra encarnação, e, se pudésseis vos lembrar, isso não seria mais caridade, e sim um dever. Portanto, meus amigos, todo ser que sofre é vosso irmão e tem direito à vossa caridade. Não àquela caridade que fere o coração; não àquela esmola que queima a mão que a recebe, pois muitas vezes vossas esmolas são bem amargas. Quantas vezes não seriam recusadas se, no casebre, a doença e a miséria não estivessem aguardando por elas! Dai delicadamente! Acrescentai ao vosso donativo o mais precioso de todos: uma boa palavra, um carinho, um sorriso amigo. Evitai aquele tom protetor que revolve o punhal num coração que está sangran-

do, e pensai que, ao fazer o bem, trabalhais para vós e para os vossos (Um Espírito Familiar, Paris, 1860).

O LIVRO DOS ESPÍRITOS

582. Pode-se considerar a paternidade como missão?

– Incontestavelmente, é uma missão. É ao mesmo tempo um dever imenso e que, mais do que o homem pensa, envolve sua responsabilidade quanto ao futuro. Deus pôs o filho sob a tutela dos pais para que o orientem no caminho do bem, e facilitou-lhes a tarefa dando à criança um organismo frágil e delicado, que a torna receptível a todas as impressões. No entanto, há pessoas que se ocupam mais em endireitar as árvores do pomar e em fazê-las ficar carregadas de bons frutos do que em corrigir o caráter do filho. Se por sua culpa ele cair, passarão por esse desgosto, e os sofrimentos do filho na vida futura recairão sobre eles, pois não fizeram o que dependia deles para que avançasse no caminho do bem.

VIDA PLENA

"Tenho valorizado as possibilidades de ajudar o próximo?".

PRECE

Mestre Jesus, que a nossa prece conforte os corações que se sentem sós e abandonados. Que eles possam receber de Vós a paz e a esperança de um futuro melhor e a consciência de que a vida na Terra, por mais difícil que seja, é sempre uma abençoada escola do espírito.

Segunda-feira

Capítulo 13

QUE VOSSA MÃO ESQUERDA NÃO SAIBA O QUE FAZ VOSSA MÃO DIREITA (IV)

Instruções dos espíritos

BENEFÍCIOS PAGOS COM A INGRATIDÃO

19. ***Que se deve pensar de pessoas que, tendo recebido a ingratidão como paga por seus benefícios, não fazem mais o bem com receio de reencontrar ingratos?***

Essas pessoas são mais egoístas do que caridosas, pois fazer o bem apenas para receber demonstrações de reconhecimento não é fazê-lo desinteressadamente; e benefício desinteressado é o único agradável a Deus. São também pessoas orgulhosas, já que se envaidessem pela humildade do beneficiado, que deposita aos pés delas o seu reconhecimento. Aquele que procura na Terra a recompensa pelo bem que faz, não a receberá no Céu, pois Deus levará em consideração aquele que não a procura neste mundo.

Devemos sempre ajudar os fracos, mesmo sabendo antecipadamente que aqueles a quem fazemos o bem não ficarão gratos. Sabei que, se aquele a quem ajudais esquece o benefício, ainda assim Deus terá para convosco maior consideração do que se já fôsseis recompensados pela gratidão do beneficiado. ***Às vezes, Deus permite que sejais pagos com a ingratidão para pôr à prova vossa perseverança em fazer o bem.***

Além disso, como saber se o benefício momentaneamente

esquecido não trará bons frutos mais tarde? Tende a certeza de que esta é uma semente que germinará com o tempo. Infelizmente, sempre vedes apenas o presente. Trabalhai para vós, e não pensando nos outros. Os favores acabam por sensibilizar os corações mais endurecidos; podem até ser ignorados neste mundo, mas quando o espírito do beneficiado se livrar do seu envoltório carnal se lembrará da ajuda recebida, e essa recordação será o seu castigo. Então, lamentará pela ingratidão cometida e desejará reparar sua falta; desejará pagar sua dívida numa outra existência, muitas vezes aceitando uma vida de dedicação ao seu benfeitor. É assim que, sem suspeitardes, tereis contribuído para o seu progresso moral, e reconhecereis mais tarde toda a verdade deste ensinamento: *Um benefício nunca é perdido.* Mas tereis também trabalhado por vós, pois tereis o mérito de haver feito o bem desinteressadamente, sem vos deixar desencorajar pelas decepções.

Ah, meus amigos, se conhecêsseis todos os laços que, na vida presente, vos ligam a vossas existências anteriores! Se pudésseis compreender a infinidade das relações que aproximam os seres uns aos outros para o progresso mútuo, admiraríeis bem mais a sabedoria e a bondade do Criador, que vos permite reviver para chegardes a Ele (GUIA PROTETOR, Sens, 1862).

O LIVRO DOS ESPÍRITOS

535. Quando nos acontece alguma coisa feliz, é a nosso espírito protetor que devemos agradecer?

- Agradecei primeiramente a Deus, sem cuja permissão nada se faz; depois aos bons espíritos, que foram seus agentes.

535a. Que aconteceria se nos esquecêssemos de agradecer?

- O que acontece aos ingratos.

535b. Não obstante, há pessoas que não pedem, nem agradecem, e para quem tudo dá certo!

- Sim, mas é preciso ver o fim. Pagarão bem caro por essa felicidade passageira que não mereceram, pois quanto mais tiverem recebido, mais terão que devolver.

VIDA PLENA

"Como manifesto a gratidão para com as pessoas que me auxiliam?".

PRECE

Senhor, perdoai-nos se por ventura estivermos sendo ingratos com aqueles que nos auxiliam através da sua bondade. Permitai que possamos recompensá-los, mesmo com esta pequena prece, e que eles possam atingir a felicidade que buscam em suas existências.

Terça-feira

Capítulo 15

FORA DA CARIDADE NÃO HÁ SALVAÇÃO

Instruções dos espíritos

FORA DA CARIDADE NÃO HÁ SALVAÇÃO

10. Meus filhos, na máxima ***Fora da caridade não há salvação*** estão contidos os destinos dos homens tanto na Terra, como no Céu. Na Terra, porque à sombra deste estandarte todos viverão em paz; no Céu, porque aqueles que a tiverem praticado encontrarão misericórdia diante do Senhor. A caridade é o facho celeste, a coluna luminosa que guia o homem no deserto da vida, para conduzi-lo à Terra Prometida. Ela brilha no Céu como uma auréola santa na fronte dos eleitos, e, na Terra, está gravada no coração daqueles a quem Jesus dirá: "Passai à direita, vós, os benditos de meu Pai". Podeis reconhecê-los pelo perfume que a caridade exala ao seu redor. Nada expressa melhor o pensamento de Jesus, nada resume melhor os deveres do homem do que essa máxima divina. O espiritismo não poderia provar melhor a sua origem do que estabelecendo-a como regra, pois ela é o reflexo do mais puro cristianismo. Com tal guia, o homem jamais se desencaminhará. Esforçai-vos, pois, meus amigos, para compreender-lhe o sentido profundo e as consequências, e para procurar, por vós mesmos, todas as maneiras de aplicá-la. Submetei todas as vossas ações ao controle

da caridade, e vossa consciência vos responderá. Ela não apenas evitará que façais o mal, mas vos incitará a praticar o bem, pois não basta uma virtude passiva, é preciso que a virtude esteja ativa. Para praticar o bem, é indispensável a ação da vontade; para não fazer o mal, basta a inércia e a indiferença.

Meus amigos, agradecei a Deus, que permitiu que pudésseis desfrutar da luz do espiritismo. Não porque só aqueles que a possuem podem salvar-se, mas porque, ao vos ajudar a compreender melhor os ensinamentos do Cristo, ela faz de vós cristãos melhores. Que os vossos irmãos, ao vos observar, possam dizer que o verdadeiro espírita e o verdadeiro cristão são uma única e mesma coisa, pois todos que praticam a caridade são discípulos de Jesus, não importa o culto a que pertençam (PAULO, APÓSTOLO, Paris, 1860).

O LIVRO DOS ESPÍRITOS

879. Qual seria o caráter do homem que praticasse a justiça em toda a sua pureza?

- O do verdadeiro justo, a exemplo de Jesus, pois praticaria também o amor ao próximo e à caridade, sem os quais não há verdadeira justiça.

877. A necessidade que o homem tem de viver em sociedade lhe determina obrigações especiais?

- Sim, e a primeira de todas é respeitar os direitos de seus semelhantes; quem respeitar esses direitos será sempre justo. No vosso mundo, onde tantos homens não praticam a Lei de Justiça, todos fazem retaliações, e aí está a causa da perturbação e da confusão em vossa sociedade. A vida social dá direitos e impõe deveres recíprocos.

VIDA PLENA

"Estimo a solidariedade? Posso viver sem os outros, embora na maioria dos casos possam os outros viver sem mim?".

PRECE

Senhor, façai-nos compreender que somente seremos felizes ou salvos se realmente tivermos merecimento pela capacidade de amar o nosso próximo com a nós mesmos, pois é desta forma que conquistaremos o teu reino.

Quarta-feira

Capítulo 16
NÃO SE PODE SERVIR A DEUS E A MAMON

INSTRUÇÕES DOS ESPÍRITOS
EMPREGO DA RIQUEZA

11. Não podeis servir a Deus e a Mamon. Lembrai-vos bem disso, vós que sois dominados pelo apego ao ouro; vós que venderíeis a alma para possuir tesouros, pois eles podem vos elevar acima dos outros homens e vos dar os prazeres das paixões. Não, não podeis servir a Deus e a Mamon! Se, portanto, sentirdes vossa alma tomada pelos desejos da carne, apressai-vos em vos livrar desse domínio que vos oprime, pois Deus, que é justo e severo, dirá a cada um de vós: "O que fizeste, depositário infiel, dos bens que te confiei? Usaste esse poderoso instrumento de boas obras apenas a serviço de tua satisfação pessoal.

Qual é, então, o melhor emprego da fortuna? Procurai nestas palavras ***Amai-vos uns aos outros*** a solução desse problema. Nelas reside o segredo do bom uso das riquezas. Quem está voltado para o amor ao próximo, já tem sua linha de conduta perfeitamente traçada. O emprego da riqueza que agrada a Deus é a caridade; não a caridade fria e egoísta, que consiste em distribuir ao redor de si as sobras de uma existência brilhante, mas a caridade plena de amor, que procura o necessitado e o socorre, sem humilhá-lo.

Rico, dá do que te sobra! Faze mais: dá um pouco do que te é necessário, pois o teu necessário ainda é supérfluo. Mas dá discretamente! Não rejeites quem chora, com medo de seres enganado. Vai à origem do mal! Consola primeiro; depois, informa-te. E vê se o trabalho, os conselhos, até mesmo um carinho não serão mais eficazes do que a tua esmola. Espalha ao redor de ti, fartamente, o amor a Deus, o amor ao trabalho, o amor ao próximo. Aplica tua riqueza em ações que jamais te decepcionarão e te trarão grandes lucros: o das boas obras. A riqueza da inteligência deve servir-te como a do ouro. Espalha ao teu redor os tesouros da instrução. Espalha entre teus irmãos os tesouros do teu amor, e eles frutificarão (CHEVERUS, Bordéus, 1861).

O LIVRO DOS ESPÍRITOS

883. O desejo de possuir é inato?

- Sim, mas quando é só para si e para sua satisfação pessoal, é egoísmo.

883a. No entanto, o desejo de possuir não será legítimo, uma vez que quem tem com que viver não se torna pesado para ninguém?

- Há homens insaciáveis e que acumulam bens sem utilidade para ninguém, ou para satisfazer suas paixões. Achas que Deus vê isso com bons olhos? Ao contrário, aquele que junta pelo trabalho, pensando em ajudar seus semelhantes, pratica a Lei de Amor e de Caridade, e seu trabalho é abençoado por Deus.

VIDA PLENA

"Acolho o infortunado? Lembro-me de que nem sempre o céu estará inteiramente azul para os meus olhos?".

PRECE

Senhor, façai com que evitemos lamentar por não ter algo que desejamos, porque sabemos que temos sempre aquilo que nos é necessário. Ainda assim, façai-nos compreender que tudo o que possuímos é também do nosso semelhante que necessita, já que tudo, na verdade, vem da Vossa infinita bondade.

Quinta-feira

Capítulo 17
SEDE PERFEITOS

Parábola do semeador

5. Naquele mesmo dia, tendo saído de casa, Jesus dirigiu-Se à beira-mar, onde uma grande multidão reuniu-se ao Seu redor. Subindo numa barca para falar ao povo, que ficou de pé na margem, Ele lhes disse muitas coisas por parábolas: "Saiu aquele que semeia a semear. E enquanto semeava, uma parte das sementes caíram ao longo do caminho, e os pássaros do céu vieram e comeram-na. Outra parte caiu num solo mais pedregoso e logo germinou, pois a terra ali não era muito profunda. Mas logo o Sol se levantou e, como ainda não tinham raízes, as sementes secaram. Outra parte caiu entre os espinheiros, e, crescendo, os espinheiros sufocaram-nas. Finalmente, uma outra parte caiu numa terra boa e deu frutos, havendo grãos que renderam cem por um, outros sessenta, e outros trinta. Que ouça, quem tem ouvidos para ouvir!" (Mateus, 13:1-9).

Escutai, pois, vós outros, a parábola do semeador.
Todo aquele que ouve a palavra do Reino e não lhe dá atenção, o espírito mau vem e arrebata o que havia sido semeado em seu coração; é aquele que recebeu a semente ao longo do caminho. O que recebeu as sementes no caminho pedregoso é o que ouve a palavra e a recebe na hora com alegria, mas, como não tem raízes em si, esse sentimento dura pouco tempo, e, quando surgem os obstáculos e as perseguições por causa da palavra, logo faz dela um motivo de escândalo e de

fracasso. Aquele que recebe a semente entre os espinheiros é o que ouve a palavra, mas, em seguida, as preocupações e a ilusão das riquezas sufocam nele essa palavra e a tornam infrutífera. Aquele que recebe a semente numa boa terra é o que escuta a palavra do Reino, que lhe dá atenção e ela então frutifica, rendendo cem, ou sessenta, ou trinta por um. (Mateus, 13:18-23).

6. A parábola do semeador retrata perfeitamente as pequenas variações existentes na maneira de tirar proveito dos ensinamentos do *Evangelho*. Quantas pessoas existem, de fato, para as quais eles não passam de algo superado, e que, assim como as sementes caídas entre as pedras, não produzem fruto algum.

Essa parábola também pode ser aplicada às diferentes categorias de espíritas. Ela não é o retrato daqueles que só se apegam aos fenômenos materiais, sem nenhum proveito tirar deles, porque os vêem somente como um motivo de curiosidade? Não retrata os que buscam apenas brilho na comunicação dos espíritos, interessando-se somente quando lhes satisfazem a imaginação, mas que, após ouvi-las, continuam tão frios e indiferentes como antes? Essa parábola não se aplica àqueles que acham os conselhos muito bons e os admiram, mas os aplicam aos outros e não a si mesmos? Finalmente: não é adequada àqueles para quem os ensinamentos são como a semente que cai na boa terra e produz frutos?

O LIVRO DOS ESPÍRITOS

907. Como o princípio das paixões é inato, ele é por si só mau?

- Não. A paixão está no excesso conjugado com a vontade, pois o princípio foi dado ao homem para o bem, e as paixões podem levá-lo a grandes coisas. É o abuso que delas faz que acarreta o mal.

908. Como definir o limite em que as paixões deixam de ser boas ou más?

- As paixões são como um cavalo, que é útil quando é dirigido, mas perigoso quando é ele que dirige. Deveis admitir, portanto, que uma paixão se torna nociva a partir do mo-

mento em que não conseguis mais governá-la e disso resultar algum prejuízo para vós ou para os outros.

As paixões são alavancas que decuplicam as forças do homem e o auxiliam no cumprimento dos desígnios da Providência; porém, se em vez de dirigi-las o homem se deixa dirigir por elas, cai no excesso, e a mesma força que, na sua mão, poderia fazer o bem, volta-se contra ele e o esmaga.

Todas as paixões têm seu princípio num sentimento ou necessidade natural. O princípio das paixões não é, portanto, um mal, uma vez que repousa numa das condições providenciais da nossa existência. A paixão propriamente dita é o exagero de uma necessidade ou de um sentimento; está no excesso e não na causa; e esse excesso se torna um mal quando tem como consequência um mal qualquer.

Todo arrebatamento que aproxima o homem da natureza animal afasta-o da natureza espiritual. Todo sentimento que eleva o homem acima da natureza animal e revela a predominância do espírito sobre a matéria e aproxima-o da perfeição.

909. Por seus esforços, o homem sempre conseguiria vencer suas más tendências?

- Sim, e às vezes com esforços mínimos; o que lhe falta é vontade. Ah, quão poucos dentre vós se esforçam!

VIDA PLENA

"Como me sinto quando sou desvalorizado? Reajo com humildade e procuro reconhecer meus limites?".

PRECE

Bons espíritos, protegei-nos nas situações em que não soubermos distinguir os limites das nossa paixões. Alertai-nos quando ultrapassarmos os nossos bons sentimentos, nossas ações toleráveis, nas quais poderemos causar algum mal ao nosso próximo.

Sexta-feira

Capítulo 18

MUITOS SERÃO OS CHAMADOS E POUCOS OS ESCOLHIDOS

INSTRUÇÕES DOS ESPÍRITOS

SERÁ DADO ÀQUELE QUE TEM

14. Tende muito cuidado com o que ouvis, porque se usará para convosco a mesma medida que houverdes usado para com os outros, e se vos será dado ainda mais; pois dar-se-á àquele que tem, e, ao que nada possui, ser-lhe-á tirado até o que tem (MARCOS, 4:24-25).

15. ***Dá-se ao que já tem e tira-se do que não tem.*** Meditai sobre esses grandes ensinamentos que muitas vezes vos parecem paradoxais. Aquele que recebeu é aquele que conhece o sentido da palavra divina. Só recebeu porque tentou tornar-se digno dela, e porque o Senhor, no Seu amor misericordioso, encoraja todos os esforços que visam ao bem. Esses esforços constantes atraem as graças do Senhor: são como um ímã que atrai para si, progressivamente, o que há de melhor; atrai as graças abundantes que vos tornam fortes suficiente para escalar a montanha sagrada, em cujo cume se encontra o repouso após o trabalho.

Tira-se do que nada possui, ou tem pouco. Tomai isso como uma contradição apenas no sentido figurado, pois Deus não retira de Suas criaturas o bem que Se dignou a fazer-lhes. Homens cegos e surdos! Abri vossas inteligências e vossos corações! Vede através de vossa mente; escutai através de vossa alma, e não interpreteis de modo tão imprudente e injusto as palavras daquele que fez resplandecer diante de vós a justiça do Senhor. Não é Deus quem retira daquele que pouco recebeu, é o próprio espírito que, negligente, não sabe conservar o que tem; não sabe multiplicar a dádiva que lhe caiu no coração.

Aquele que não cultiva o campo que o trabalho de seu pai conquistou, e do qual é herdeiro, vê o campo cobrir-se de ervas daninhas. Acaso é seu pai quem lhe toma as colheitas que ele não quis preparar? Se, por falta de cuidado, deixou mofarem os grãos destinados a produzir nesse campo, será que deve acusar o pai se eles nada produzem? Não, não! Em vez de acusar ao pai, que tudo havia preparado para ele, em vez de reclamar do que o pai lhe deixou, que acuse o verdadeiro causador de suas misérias, e que então, arrependido e diligente, se lance à obra com coragem; que are a terra improdutiva com vontade; que a lavre profundamente com a ajuda do arrependimento e da esperança; que nela lance com confiança a semente que tiver escolhido como boa, entre as más; que a regue com o seu amor e a sua caridade, e Deus, o Deus de amor e de caridade, dará àquele que já tem. Verá, então, seus esforços coroados de sucesso, e um grão produzir cem, e outro, mil. Coragem, lavradores! Pegai vossas grades e arados! Arai vossos corações; arrancai deles o joio; semeai neles o bom grão que o Senhor vos dá, e o orvalho do amor fará com que a terra produza frutos de caridade (Um Espírito Protetor, Bordéus, 1862).

O LIVRO DOS ESPÍRITOS

975. Os espíritos inferiores compreendem a felicidade do justo?

- Sim, e nisso está seu suplício, porque compreendem que é por sua culpa que estão privados dela. Por isso é que o espírito, quando se liberta da matéria, logo deseja uma nova existência corporal, porque cada existência pode abreviar a duração desse suplício, se for bem empregada. É então que faz a escolha das provas através das quais poderá expiar suas faltas, porque, guardai bem isto, o espírito sofre por todo o mal que praticou ou de que foi o causador voluntário, por

todo o bem que poderia ter feito e não fez e por todo o mal que resulta do bem que não fez.

Para o espírito não há mais qualquer véu; sente-se como alguém que saiu do nevoeiro, e vê o que o distancia da felicidade, e então sofre mais ainda, porque compreende quanto foi culpado. Para ele não há mais ilusões: ele vê a realidade das coisas.

Na erraticidade, o espírito percebe, de um lado, todas as suas existências passadas, do outro, ele vê o futuro prometido e compreende o que lhe falta para atingi-lo. Como um viajante que chegou ao alto de uma montanha, vê o caminho percorrido e o que lhe resta percorrer para chegar ao seu destino.

VIDA PLENA

"Tenho um projeto de renovação interior? Ou nunca pensei nisso?".

PRECE

Senhor, nós que cometemos tantos erros em nossas existências passadas, e mesmo nesta atual, fazei-nos compreender que podemos melhorar e aproveitar as inúmeras oportunidades que nos ofereceis para que retomemos o caminho do bem.

Sábado

Capítulo 19
A FÉ TRANSPORTA MONTANHAS

INSTRUÇÕES DOS ESPÍRITOS
A FÉ DIVINA E A FÉ HUMANA

12. No homem, a fé é o sentimento inato de sua existência futura. É a consciência que ele tem de suas imensas faculdades, cuja semente lhe foi depositada, a princípio em estado latente, e que deve fazer desabrochar e desenvolver com o tempo, por força de sua vontade enérgica.

Até hoje, a fé foi compreendida apenas em seu aspecto religioso, porque o Cristo a preconizava como uma poderosa alavanca, e porque viam Nele apenas o chefe de uma religião. Mas o Cristo, que realizou milagres verdadeiros, mostrou, com esses mesmos milagres, do que o homem é capaz quando tem fé, ou seja, quando tem ***determinação e vontade***, e a certeza de que essa vontade pode levar à realização. Os apóstolos, assim como Ele, também não fizeram milagres? Ora, o que eram esses milagres senão efeitos naturais, cuja causa os homens desconheciam naquela época, e que hoje podem ser explicados e compreendidos perfeitamente pelo estudo do espiritismo e do magnetismo?

A fé é humana ou divina, conforme o homem aplique suas faculdades às necessidades terrenas ou às suas aspirações celestes e futuras. O homem talentoso que busca a realização de um grande empreendimento triunfa se tem fé, porque sente dentro de si que pode atingir o seu objetivo, e essa certeza lhe dá uma força enorme. O homem de bem que, acreditando em seu futuro celeste, pontilha sua vida de belas e nobres ações, extrai de sua fé a força necessária para seguir adiante, ciente da felicidade que o espera. E aí então realizam-se os milagres de caridade, de devotamento e de abnegação. Enfim, com a fé, não há más tendências que não possam ser vencidas.

O magnetismo é uma das maiores provas do poder da fé posta em ação. É pela fé que ele cura e produz os fenômenos que outrora eram chamados de milagres.

Repito: a fé é *humana* e *divina*. Se todos os encarnados estivessem cientes da força que trazem dentro de si, e, se quisessem pôr sua vontade a serviço dessa força, seriam capazes de realizar o que até agora chamamos de prodígios, e que na verdade nada mais são do que o desenvolvimento dos dons e das faculdades humanas (Um Espírito Protetor, Paris, 1863).

O LIVRO DOS ESPÍRITOS

5. Que conclusão se pode tirar do sentimento intuitivo da existência de Deus que todos os homens trazem em si?

- A de que Deus existe, pois de onde lhes viria esse sentimento se nada tivesse por base? Continua sendo uma decorrência do princípio de que não há efeito sem causa.

6. O sentimento íntimo da existência de Deus que temos em nós não seria obra da educação e fruto de idéias adquiridas?

- Se assim fosse, por que vossos selvagens teriam esse sentimento?

Se o sentimento da existência de um ser supremo fosse apenas produto da educação, ele não seria universal e, como as noções científicas, só existiria naqueles que tivessem tido a oportunidade de receber tal ensinamento.

10. O homem pode compreender a natureza íntima de Deus?

- Não; esta é uma faculdade que não possui.

11. Um dia será permitido ao homem compreender o mistério da Divindade?

- Quando seu espírito não estiver mais obscurecido pela matéria e, por sua perfeição, tiver se aproximado de Deus, então ele o verá e o compreenderá.

A inferioridade das faculdades do homem não lhe permite compreender a natureza íntima de Deus. Na infância da humanidade, o homem muitas vezes o confunde com a criatura, cujas imperfeições lhe atribui; mas, à medida que o senso moral nele se desenvolve, seu pensamento compreende melhor a essência das coisas e ele faz de Deus uma idéia mais justa e mais coerente com o raciocínio correto, embora ainda incompleto.

12. Se não podemos compreender a natureza íntima de Deus, podemos ter idéia de algumas das suas perfeições?

- Sim, de algumas. O homem as compreende melhor à medida que ele se eleva acima da matéria; ele as percebe pelo pensamento.

VIDA PLENA

"Como tenho cultivado o sentimento de confiança? Não é um refúgio certo para as ocasiões de tormenta?".

PRECE

Amado Pai, vós que dai a vida e todas as experiências necessárias ao nosso progresso, dai-nos fé e coragem para superar os obstáculos que nos tornarão mais fortes e capazes de solicitar outros desafios em nossa evolução espiritual.

Domingo

Capítulo 21
HAVERÁ FALSOS CRISTOS E FALSOS PROFETAS (I)

OS FALSOS PROFETAS DA ERRATICIDADE

10. Os falsos profetas não estão somente entre os encarnados. Estão também, e em número bem maior, entre os espíritos orgulhosos que, sob falsa aparência de amor e caridade, semeiam a desunião e retardam a obra de emancipação espiritual da humanidade, tentando impor suas idéias absurdas pelos seus médiuns. Para melhor seduzir aos que desejam enganar, e para dar mais credulidade às suas teorias, apresentam-se, sem o menor escrúpulo, com nomes que os homens só pronunciam reverentemente.

São eles que espalham o fermento da discórdia entre os grupos, que levam os médiuns a se afastarem uns dos outros e a se olharem com desconfiança. Só isso já bastaria para desmascará-los, porque, agindo dessa maneira, eles próprios desmentem formalmente o que fingem ser. Cegos, pois, são os homens que caem numa armadilha tão ordinária.

Mas há muitos outros meios para reconhecê-los. Espíritos da ordem a qual dizem pertencer devem ser não somente muito bons, mas também extremamente racionais. Pois bem, submetei suas teorias ao crivo da razão e do bom senso e vereis o que restará. Então, concordareis comigo. Todas as vezes que um espírito indicar, como remédio para os males da humanidade e como meio de atingir a perfeição, coisas fantasiosas e impraticáveis e medidas pueris e ridículas, ou quando formular uma teoria que as mais elementares noções da ciência contradizem, estamos diante de um espírito ignorante e mentiroso.

Por outro lado, acreditai que, se a verdade nem sempre é apreciada pelos indivíduos, ela o é sempre pelo bom senso das massas, e está aí uma forma de distinguir o erro da verdade. Se dois princípios se contradizem, tereis a medida do valor de cada um avaliando o que tem mais aceitação e simpatia. Na verdade, ***seria ilógico admitir que uma doutrina, cujo número de adeptos diminuísse, fosse mais verdadeira do que outra que visse os seus aumentar.*** Querendo que a verdade chegue a todos, Deus não a restringe a um círculo estreito. Ele a faz surgir em diferentes pontos, para que a luz contraponha as trevas (...) (ERASTO, DISCÍPULO DE SÃO PAULO, Paris, 1862).

O LIVRO DOS ESPÍRITOS

469. Como podemos neutralizar a influência dos maus espíritos?

- Fazendo o bem, e depositando toda nossa confiança em Deus, repelis a influência dos espíritos inferiores e anulais o domínio que gostariam de ter sobre vós. Guardai-vos de escutar as sugestões dos espíritos que vos inspiram maus pensamentos, que provocam discórdia entre vós e que vos insuflam todas as más paixões. Desconfiai, principalmente, dos que exaltam vosso orgulho, pois vos apanham pelo vosso ponto fraco. Eis por que, na oração dominical, Jesus vos faz dizer: "Senhor! Não nos deixeis cair em tentação, mas livrai-nos do mal."

470. Os espíritos que procuram induzir-nos ao mal, e que assim põem à prova nossa firmeza no bem, receberam a missão de fazê-lo? E se estão cumprindo uma missão, são responsáveis por ela?

- Nenhum espírito recebe a missão de fazer o mal; se o faz, é por conta própria e, logicamente, sofre as consequências. Deus pode deixá-lo fazer para vos pôr à prova, mas não manda que o faça, e compete a vós repeli-lo.

472. Os espíritos que desejam induzir-nos ao mal apenas se aproveitam das circunstâncias em que já nos encontramos, ou podem provocá-las?

- Aproveitam-se da ocasião, mas muitas vezes a provocam, impelindo-vos, sem o perceberdes, para o objeto que cobiçais. Assim, por exemplo, um homem encontra no seu caminho uma quantia de dinheiro: não penses que foram os espíritos que levaram o dinheiro até lá, mas eles podem dar ao homem a idéia de dirigir-se naquela direção, e então sugerir-lhe o pensamento de apossar-se dele, ao passo que outros lhe sugerem que devolva o dinheiro ao dono. O mesmo acontece com todas as outras tentações.

VIDA PLENA

"Todas as coisas são-me lícitas, mas todas elas me convém?".

PRECE

Senhor, que a serenidade seja a luz da nossa fé e a razão o farol dos nossos atos. Somente assim poderemos estar confiantes de que nossos passos estão sendo dados de acordo com a Vossa sábia vontade.

Segunda-feira

Capítulo 21

HAVERÁ FALSOS CRISTOS E FALSOS PROFETAS (II)

OS FALSOS PROFETAS DA ERRATICIDADE

10. (...) Repeli sem piedade todos esses espíritos que se fazem passar por conselheiros exclusivos, pregando a divisão e o afastamento. Eles são quase sempre espíritos vaidosos e medíocres, que pretendem impor-se aos homens fracos e ingênuos, fazendo-lhes elogios exagerados para seduzi-los e subjugá-los. São igualmente espíritos ávidos de poder, que, tendo sido tiranos no lar ou na vida pública quando vivos, ainda querem vítimas para tiranizar depois de mortos. De um modo geral, ***desconfiai das comunicações que apresentam um caráter místico e estranho, ou que prescrevem cerimônias e atos estranhos.*** Nesses casos, há sempre um legítimo motivo para suspeitar.

Por outro lado, tende certeza de que quando uma verdade deve ser revelada à humanidade, ela é, por assim dizer, imediatamente comunicada a todos os grupos sérios que possuem médiuns sérios, e não a este ou àquele, deixando os outros de fora. Ninguém é médium perfeito se está obsediado, e há obsessão evidente quando um médium é capaz de receber comunicações somente de determinado espírito, por mais elevado que ele pretenda ser. Consequentemente, todo médium e todo grupo que se consideram privilegiados por comunicações que só eles conseguem receber, e que, além disso, se submetem a práticas que tendam à superstição, estão, sem dúvida, sob a influência de uma obsessão bem caracterizada, principalmente quando o espírito dominador ostenta um nome que todos, encarnados e desencarnados, devemos honrar e respeitar, não permitindo que seja usado a todo momento.

É indiscutível que, se submetermos todos os dados e todas as comunicações dos espíritos ao crivo da razão e da lógica, será fácil rejeitar o absurdo e o erro. Um médium pode ser seduzido, um grupo pode ser enganado, mas o controle severo dos outros grupos, o conhecimento adquirido, a elevada autoridade moral dos chefes de grupo, e as comunicações dos principais médiuns que recebem um atestado de lógica e de autenticidade de nossos melhores espíritos, rapidamente condenarão as mensagens mentirosas e ardilosas provenientes de uma multidão de espíritos mistificadores ou maus (Erasto, Discípulo de São Paulo, Paris, 1862). (Veja, na ***Introdução*** de ***O Evangelho Segundo o Espiritismo***, o parágrafo 2: ***Controle universal do ensinamento dos espíritos***, e ***O Livro dos Médiuns***, capítulo 23, ***Da Obsessão***).

O LIVRO DOS ESPÍRITOS

467. Podemos nos livrar da influência dos espíritos que incitam ao mal?

- Sim, porque eles só se apegam a quem, por seus desejos ou pensamentos, os atrai.

468. Os espíritos cuja influência é repelida pela vontade renunciam às suas tentativas?

- Que queres que façam? Quando não há nada a fazer, recuam. No entanto, ficam à espreita de um momento favorável, como o gato espreita o rato.

471. Quando nos invade uma sensação de angústia, de ansiedade indefinível ou de satisfação íntima, sem motivo aparente, isso se deve exclusivamente a um estado físico?

- Quase sempre é um efeito das comunicações que, inconscientemente, estais tendo com os espíritos, ou que com eles tivestes durante o sono.

VIDA PLENA

"Tenho evitado a crença cega e a estagnação nas trevas do fanatismo? Meu discernimento tem sido simples adorno?".

PRECE

Bons espíritos, inspirai-nos o bom senso e o hábito de discernir pela razão tudo aquilo que vem do convívio com os encarnados e desencarnados, porque sabemos que ainda estamos longe perfeição e do risco de cometermos enganos.

Terça-feira

Capítulo 24
NÃO COLOQUEIS A CANDEIA DEBAIXO DO ALQUEIRE

Coragem da fé

13. Todo aquele que confessar diante dos homens que me reconhece, eu o reconhecerei também e o confessarei diante de meu Pai, que está nos Céus. Mas todo aquele que me renegar diante dos homens, eu o renegarei também diante de meu Pai, que está nos Céus (Mateus, 10:32 e 33).

14. Se alguém se envergonhar de mim e de minhas palavras, o Filho do Homem também dele se envergonhará, quando vier em sua glória e na de seu Pai e dos santos anjos (Lucas, 9:26).

15. A firmeza de opinião sempre foi respeitada entre os homens, pois há mérito em enfrentar os perigos, as perseguições, as contradições, e até mesmo as simples ironias, a que quase sempre se expõe quem não tem medo de confessar abertamente idéias com as quais nem todos concordam. Aqui, como em tudo, o mérito é proporcional às circunstâncias e à importância do resultado. É sempre demonstração de fraqueza recuar diante das consequências da própria opinião, ou renegá-la. Mas há casos em que a covardia é tão grande quanto desertar no momento do combate.

Jesus condena essa covardia, especialmente sob o ponto de vista de Sua doutrina, ao dizer que, se alguém se envergonha de Suas palavras, Ele também Se envergonhará dele; que renegará quem O tiver renegado; que reconhecerá diante do Pai, que está nos Céus, quem confessar reconhecê-Lo diante dos homens. Em outras palavras: ***os que tiverem medo de se declarar discípulos da verdade, não são dignos de ser admitidos no reino da verdade.*** Perderão, assim, o benefício de sua fé, porque é uma fé egoísta que guardam para si, mas que ocultam com medo que lhes traga prejuízos neste mundo, enquanto que, colocando a verdade acima de seus interesses materiais, aqueles que a proclamam abertamente trabalham pelo seu futuro e pelo futuro dos outros, ao mesmo tempo.

16. O mesmo acontecerá com os adeptos do espiritismo, uma vez que sua doutrina nada mais é do que o desenvolvimento e a aplicação da doutrina do ***Evangelho***. É a eles que se dirigem também as seguintes palavras de Jesus: "Eles semeiam na Terra o que colherão na vida espiritual. Lá, colherão os frutos de sua coragem ou de sua fraqueza".

O LIVRO DOS ESPÍRITOS

Conclusão – Item VII: O espiritismo se apresenta sob três aspectos diferentes: a ocorrência das manifestações, os princípios de filosofia e de moral que delas decorrem, e a aplicação desses princípios; daí, três classes, ou melhor, três graus entre seus adeptos: 1º) os que acreditam nas manifestações e limitam-se a constatá-las: para eles é uma ciência experimental; 2º) os que lhe compreendem as consequências morais; 3º) os que praticam ou se esforçam por praticar essa moral. Seja qual for o ponto de vista, científico ou moral, todos percebem que está surgindo uma ordem de idéias completamente nova, cujas consequências não podem deixar de provocar uma profunda modificação nas condições da humanidade, e percebem também que essa modificação só pode ser para melhor.(...) (Ver no mesmo texto as três categorias de adversários do espiritismo).

VIDA PLENA

"Tenho trabalhado na minha transformação moral? Tenho

me esforçado para domar minhas inclinações infelizes?".

PRECE

Senhor, sabemos que a nossa fidelidade a Vós e aos Vossos princípios nem se compara a fidelidade que tens por nós, mas ensina-nos a reconhecer que somente o nosso esforço para nos melhorar e perseverar na fé é que poderá nos manter firmes em nossa luta íntima e coerentes com as Vossas leis.

Quarta-feira

Capítulo 25

BUSCAI E ACHAREIS

Não vos inquieteis pela posse do ouro

9. Não vos inquieteis pela posse do ouro, da prata, ou de qualquer outra moeda em vosso bolso. Não prepareis um saco para a viagem, nem duas vestes, nem sapatos, nem cajados, pois aquele que trabalha merece ser alimentado.

10. Em qualquer cidade ou em qualquer aldeia que entrardes, procurai saber quem é digno de vos hospedar, e permanecei com ele até partirdes. Entrando na casa, saudai-a, dizendo: "Que a paz esteja nesta casa!". Se a casa for digna dessa saudação, vossa paz virá sobre ela; mas se não for digna, vossa paz retornará para vós.
Quando alguém não quiser vos receber, nem escutar vossas palavras, sacudi a poeira de vossos pés ao sair dessa casa ou dessa cidade. Em verdade, vos digo que, no dia do julgamento, Sodoma e Gomorra serão tratadas menos rigorosamente do que essa cidade (MATEUS, 10:9-15).

11. Essas palavras que Jesus dirigiu aos Seus apóstolos quando os enviou pela primeira vez para anunciar a Boa Nova nada tinham de estranho naquela época, pois estavam de acordo com os costumes patriarcais do Oriente, onde o viajante sempre era acolhido sob a tenda. Naquele tempo, os viajantes eram raros, mas hoje, entre os povos modernos, o crescimento das viagens criou novos hábitos e os costumes antigos só são encontrados

agora em regiões longínquas, onde o grande tráfego ainda não chegou. Se Jesus retornasse hoje à Terra, não poderia mais dizer aos Seus apóstolos: "Colocai-vos a caminho, sem provisões".

Além de seu sentido próprio, essas palavras têm um conteúdo moral muito profundo: Jesus ensinava Seus discípulos a confiarem na Providência. Além do mais, quem os recebesse não o faria por cobiça, uma vez que eles nada possuíam. Era uma forma de distinguir os caridosos dos egoístas. Eis por que Jesus lhes disse: "Procurai saber quem é digno de vos hospedar", ou seja: "quem é suficientemente caridoso para abrigar o viajante que não tem com que pagar, é também digno de ouvir vossas palavras e é pela sua caridade que os reconhecereis".

Quanto aos que não quisessem recebê-los nem ouvi-los, porventura Jesus recomendou que os amaldiçoassem, que se impusessem a eles, que usassem de violência e constrangimento para convertê-los? Não! Ele simplesmente mandou que se fossem e que procurassem em outro lugar pessoas de boa vontade.

O mesmo diz hoje o espiritismo aos seus adeptos: "Não violenteis nenhuma consciência. Não forceis ninguém a abandonar sua crença para adotar a vossa. Não amaldiçoeis os que não pensam como vós. Acolhei os que vêm a vós e deixai em paz os que vos rejeitam. Lembrai-vos das palavras do Cristo: 'Outrora o céu era tomado pela violência, hoje o é pela doçura'. " (Veja capítulo 4, números 10 e 11, de *O Evangelho Segundo o Espiritismo*).

O LIVRO DOS ESPÍRITOS

899. Entre dois homens ricos, um nasceu na opulência e jamais soube o que é passar necessidade; o outro deve sua riqueza ao trabalho; ambos usam sua fortuna exclusivamente para sua satisfação pessoal. Qual deles é mais condenável?

– O que passou por sofrimentos; ele sabe o que é sofrer; conhece a dor que não ajuda a aliviar, mas, infelizmente para ele, geralmente nem se lembra mais dela.

900. Terá uma desculpa válida quem acumula riquezas sem cessar, sem fazer bem a ninguém, só com a intenção de deixar mais aos seus herdeiros?

- Esse está comprometido com uma concepção errada.

901. Entre dois avarentos, o primeiro nega a si mesmo o necessário e morre à míngua sobre seu tesouro; o segundo só é avarento com relação aos outros, porém é pródigo para consigo mesmo; enquanto hesita diante do mais leve sacrifício para prestar um favor, ou fazer algo útil, nada é demais para satisfazer-lhe os gostos e as paixões. Se lhe pedem um obséquio, sempre fica contrariado; quando quer satisfazer um capricho, porém, terá sempre o suficiente para isso. Qual deles é o mais condenável, e qual deles ficará em pior situação no mundo dos espíritos?

- O que se satisfaz: é mais egoísta do que o avarento. O outro já recebeu parte da sua punição.

902. Será censurável desejarmos riquezas para fazer o bem?

- Sem dúvida, o sentimento é louvável quando é puro; mas esses desejo será sempre totalmente desinteressado, e não esconderá alguma segunda intenção pessoal? A primeira pessoa a quem se deseja fazer o bem, muitas vezes não é a gente mesmo?

VIDA PLENA

"Quando sou caluniado e perseguido, fico revoltado ou procuro compreender o significado espiritual da situação?".

PRECE

Senhor, se for da Vossa vontade, fazei-nos instrumentos conscientes da Vossa verdade e que ela saia não só das nossas bocas mas principalmente brote dos nossos atos. Mantende-nos afastados da ambição egoísta, do desejo de posses inúteis ao nosso espírito e satisfeitos e responsáveis quanto ao que recebemos para o que nos é necessário.

Quinta-feira

Capítulo 26
DAI DE GRAÇA O QUE DE GRAÇA RECEBESTES

Mediunidade gratuita

9. Ao lado da questão moral, apresenta-se uma consideração efetiva, não menos importante, que diz respeito à própria natureza da faculdade mediúnica. A mediunidade séria não pode ser, e jamais será, uma profissão, não só porque ficaria moralmente desacreditada e logo se assemelharia aos que lêem a sorte, mas também porque existe um obstáculo material que se opõe a isso: é que ela é uma faculdade essencialmente móvel, fugidia e variável, cuja permanência definitiva ninguém pode assegurar. Para um aproveitador, ela seria, portanto, uma fonte de recursos incertos que poderia faltar-lhe no momento em que lhe fosse mais necessária. Bem diferente é o talento adquirido pelo estudo e pelo trabalho, e que, por isso mesmo, é uma propriedade da qual naturalmente se pode tirar proveito. Mas a mediunidade não é uma arte nem um talento. Por isso, não se pode fazer dela uma profissão. Ela só existe com a colaboração dos espíritos. Sem eles, não há mais mediunidade. A aptidão pode continuar existindo, mas sua aplicação se extingue. Também não há um único médium no mundo que possa garantir a obtenção de um fenômeno espírita num momento determinado. Portanto, explorar a mediunidade é dispor de uma coisa da qual não se é realmente dono. Afirmar o contrário é en-

ganar aquele que paga. E mais ainda: não é de ***si mesmo*** que o explorador se utiliza, mas sim dos espíritos, das almas dos mortos, cuja ajuda é colocada à venda. Instintivamente, essa é uma idéia que repugna. Foi esse tipo de comércio que chegou a excessos, explorado pelo charlatanismo, pela ignorância, pela crendice e pela superstição, e motivou a proibição de Moisés. O espiritismo moderno, compreendendo a seriedade da questão pelo descrédito que impôs a esse tipo de exploração, elevou a mediunidade à categoria de missão (Veja ***O Livro dos Médiuns,*** capítulo 28, e ***O Céu e o Inferno,*** capítulo 12).

O LIVRO DOS MÉDIUNS

Dissertações espíritas sobre os médiuns - XV

Incontestavelmente, todos os médiuns são chamados a servir à causa do espiritismo na medida das suas faculdades, mas há bem poucos que não se deixam apanhar na armadilha do amor-próprio, que é uma pedra de toque que raramente deixa de produzir seu efeito. Assim, a cada cem médiuns, a custo encontrareis um, por mais ínfimo que seja, que nos primeiros tempos da sua mediunidade não se tenha considerado escolhido para obter resultados superiores e predestinado a grandes missões. Os que sucumbem a essa presunçosa expectativa, e são em grande número, tornam-se inevitavelmente presas de espíritos obsessores, que não tardam a subjugá-los, adulando-lhes o orgulho e apanhando-os por seu ponto fraco. Quanto mais pretenderem elevar-se, mais ridícula será sua queda, isso se não lhes for desastrosa. As grandes missões só são confiadas a homens de elite, e Deus os coloca, e sem que o procurem, no meio e na posição onde sua colaboração poderá ser efetiva. Não posso deixar de recomendar aos médiuns inexperientes que desconfiem do que certos espíritos possam dizer-lhes quanto ao suposto papel que são chamados a representar, porque, se o tomarem a sério, dele só colherão desapontamentos neste mundo, e um severo castigo no outro. Que se convençam bem de que, na esfera modesta e obscura onde se encontram, podem prestar relevantes serviços, auxiliando na conversão dos incrédulos, ou consolando os aflitos. Caso devam sair daí, serão guiados por uma mão invisível que lhes preparará os caminhos e que, mesmo que não queiram, por assim dizer, os porá em evidência. Que se lembrem destas palavras: "Quem se exalta será humilhado, e quem se humilha será exaltado".

O Espírito de Verdade

VIDA PLENA

"Eu vivencio a caridade? Em quais situações tenho sido caridoso?".

PRECE

Senhor, não permitais que utilizemos os recursos espirituais com finalidades materiais. Que possamos estar vigilantes para dar gratuitamente aquilo que recebemos gratuitamente.

Sexta-feira

Capítulo 27

PEDI E OBTEREIS

5. O que quer que pedirdes em vossa prece, crede que vos será concedido (Marcos, 11:24).

Ação da prece. Transmissão do pensamento

13. Ao atender um pedido, muitas vezes Deus quer recompensar a intenção, o devotamento e a fé daquele que ora. Por isso, aos olhos de Deus, a prece do homem de bem tem sempre mais mérito e eficácia, pois o homem vicioso e mau não consegue orar com o fervor e a confiança que são atributos exclusivos do sentimento de verdadeira piedade. Do coração do egoísta, ou melhor, daquele que ora da boca para fora, saem somente *palavras*, e não os sentimentos de caridade que dão à prece toda a sua força. Percebe-se isso tão bem, que instintivamente muitos preferem pedir a outras pessoas, cuja conduta é agradável a Deus, que orem por eles, achando que serão atendidos mais depressa.

14. Se a oração exerce uma espécie de ação magnética, podemos pensar que seu efeito está subordinado a esse magnetismo. Mas decididamente não é isso o que acontece. Como os espíritos têm condições de exercer essa ação magnética sobre os homens, eles suprem, quando necessário, a carência daquele que ora, seja agindo diretamente *em seu nome,* seja dando-lhe

momentaneamente uma força excepcional, se o consideram digno dessa ajuda, ou quando essa ação lhe possa ser proveitosa.

O homem que não se julga suficientemente bom para exercer uma influência salutar não deve deixar de orar por outro, achando que não é digno de ser atendido. O reconhecimento da própria inferioridade é sempre uma prova de humildade agradável a Deus, que leva em consideração a intenção caridosa que o anima. Seu fervor e sua confiança em Deus são um primeiro passo para o retorno ao bem, e os bons espíritos se alegram por encorajá-lo. A prece que não é ouvida é a do *orgulhoso, que confia no seu poder e nos seus méritos, e que se acha superior aos desígnios do Eterno.*

15. O poder da prece está no pensamento. Ela não depende das palavras, nem do lugar, nem do momento em que se ora. Pode-se orar em qualquer lugar e a qualquer hora, sozinho ou em grupo. A influência do lugar ou do tempo limita-se às circunstâncias que possam favorecer o recolhimento. *A prece em grupo tem uma ação mais poderosa quando todos os que oram se unem de coração, em torno do mesmo pensamento, e têm o mesmo objetivo,* pois é como se muitos clamassem juntos e a uma só voz. Mas, de que vale muitas pessoas se reunirem para orar, se cada uma age isoladamente e por conta própria? Cem pessoas reunidas podem orar como egoístas, enquanto duas ou três, ligadas por um ideal comum, orarão como verdadeiros irmãos em Deus, e sua prece terá mais força do que a das outras cem pessoas (Veja capítulo 28, números 4 e 5, de *O Evangelho Segundo o Espiritismo*).

O LIVRO DOS ESPÍRITOS

664. É útil orar pelos mortos e pelos espíritos sofredores, e, nesse caso, como podem nossas orações proporcionar-lhes alívio e abreviar-lhes os sofrimentos? Elas têm o poder de abrandar a justiça de Deus?

– A prece não pode ter por efeito mudar os desígnios de Deus, mas a alma pela qual se ora sente alívio, porque é um testemunho do interesse que lhe dispensam e porque o infeliz

sempre é confortado quando encontra almas caridosas que se compadecem dele pelas suas dores. Por outro lado, pela prece, quem ora o encoraja ao arrependimento e ao desejo de fazer o que é necessário para ser feliz. É nesse sentido que se pode abreviar-lhe a pena se, da sua parte, ele colabora com sua boa vontade. O desejo de melhorar, estimulado pela prece, atrai para junto do espírito sofredor espíritos melhores que vão esclarecê-lo, consolá-lo e dar-lhe esperanças. Jesus orava pelas ovelhas desgarradas, mostrando-vos com isso que seríeis culpados se não fizésseis o mesmo por aqueles que mais necessitam de preces.

VIDA PLENA

"Qual tem sido a distância entre as coisas que acredito daquelas que eu tenho colocado em prática?".

PRECE

Mestre Jesus, que nossas rogativas sejam sempre motivo de alegria para agradecer tantas coisas boas que temos recebido de Vós, pelo Vosso imenso amor por nós e pela misericórdia divina que sempre nos atende em nossas necessidades. Que nesses instantes possamos também pedir pelos que estão distantes das verdades e endurecidos pelo mal.

O Sublime Peregrino

Ramatís / Hercílio Maes

ISBN 978-857618-377-8 • Formato 14 x 21 cm • 384 pp.

Esta obra resulta da experiência direta de Ramatís — conhecido filósofo de Alexandria ao tempo de Jesus — que foi à Palestina encontrar pessoalmente o Mestre Nazareno, e posteriormente colheu, nos registros akhásicos, os verdadeiros registros vivos de sua existência no planeta.

Por isso, *O Sublime Peregrino* traz com realismo cinematográfico temas nunca dantes abordados: o nascimento, a infância e o lar do menino Jesus, suas brincadeiras e preferências, sua família e gestação, sua vida quotidiana entre o povo hebreu, o cenário da Galiléia e a influência de seu povo na missão de Jesus. Mas também focaliza como nenhuma outra obra a identidade sideral de Jesus, sua relação com o Cristo Planetário, os aspectos iniciáticos de sua missão, suas relações com os essênios. Revela detalhes inéditos sobre a figura de Maria de Nazaré e sua missão, sua gestação protegida pelas hostes angélicas, e o verdadeiro cenário do nascimento do menino-luz. E traça com riqueza psicológica o verdadeiro e insuspeitado perfil de Maria de Magdala e seu encontro com o Mestre.

Além da abordagem de temas iniciáticos como a descida angélica e a queda angélica, o Grande Plano e o Calendário Sideral, recolhe-se nesta obra a mais autêntica descrição do drama do calvário e dos últimos dias de Jesus.

Nova História do Espiritismo

Dalmo Duque dos Santos

ISBN 978-857618-212-2 • Formato 14 x 21 cm • 584 pp.

Finalmente, depois de mais de 80 anos, o espiritismo e o movimento espírita são alvos de uma nova abordagem historiográfica. Diferente da obra clássica de Arthur Conan Doyle, publicada em 1926, que realçou a fase fenomênica e colocou Allan Kardec e o período filosófico em segundo plano, esta nova obra de pesquisa e reflexão pretende pôr fatos e personagens em seus devidos lugares. A razão do equívoco histórico é que Conan Doyle, como a maioria dos ingleses e norte-americanos de sua época, não fizeram, como fez Kardec, a distinção entre espiritualismo e espiritismo. Para ele, tudo era ***spiritualism*** e a reencarnação seria então apenas um detalhe dessa nova revelação. Mas a história mostrou o contrário: as idéias de Kardec tinham uma visão mais ampla e realista desses acontecimentos, e sua sistematização como ciência e doutrina filosófica sobreviveram ao tempo, enquanto as tendências do ***spiritualism*** se fragmentaram. Passaram-se quase 100 anos e o movimento espírita tomou rumos que nem o próprio Kardec imaginava: surgiram novas tendências, as naturais divergências e, como ideologia unificadora, a busca da convergência.

Essa segunda parte da história não foi contada por Conan Doyle. Nem poderia, pois a maioria dos acontecimentos marcantes ainda estava por vir, e bastante fora do contexto eurocêntrico da ***Belle Époque***. Exemplos: o espiritismo desaparece da França no século 20 e explode no Brasil como opção religiosa de milhões de adeptos. A Feb e muitas outras entidades federativas regionais assumem a propaganda e as diretrizes do movimento, através da ação de inúmeros médiuns e influentes líderes espíritas, de múltiplas concepções e tendências sobre a filosofia espírita. Chico Xavier torna-se a figura mais expressiva do movimento, e sua obra literária brilha como a principal referência doutrinária em relação aos livros de Kardec. Sua biografia e uma adaptação do livro ***Nosso Lar*** são levados para o cinema, atingindo recordes de bilheteria. E finalmente, o Brasil configura-se como a principal nação espírita e uma das principais culturas reencarnacionistas do planeta.

Dividido em sete tomos, distribuídos em 584 páginas, ***Nova História do Espiritismo*** é obra importantíssima para aqueles que buscam cada vez mais uma diretriz espiritual para suas vidas.

Espíritos nas Escolas

Dalmo Duque dos Santos

ISBN 978-857618-229-0 • Formato 14 x 21 cm • 112 pp.

Nas escolas existem espíritos desencarnados? Podem ocorrer ali fenômenos espíritas? Há especulações filosóficas sobre esse tema?

Dalmo Duque dos Santos, historiador, professor, autor de *Nova História do Espiritismo*, lembra nesta nova obra que a mesma espiritualidade encontrada nos centros espíritas pode atuar nas escolas ou em qualquer ambiente de trabalho, já que todos somos espíritos e médiuns em maior ou menor grau. Mas como tratar de espiritualidade num contexto em que o paradigma dominante é o da matéria? Não se trata de difundir o espiritismo em sala de aula, mas sim propor que as coisas espirituais sejam ensinadas nas entrelinhas implícitas dos currículos, numa abordagem não formalizada.

Além de reflexões sobre o tema, esta obra apresenta relatos de vivências no ambiente escolar. Segundo o autor, ele é inspirado por espíritos "que parecem ser de uma fraternidade de educadores". E acrescenta: "Socialmente somos professores, mas espiritualmente estamos professores, portadores da candeia, e difusores da luz". Assim sendo, propõe caminhos para o professor consciente da tarefa de clarear as almas e formar uma humanidade melhor.

Pela atualidade das reflexões e abordagem multifacetada, *Espíritos nas Escolas* é uma obra altamente recomendável ao universo dos educadores espíritas e espiritualistas.

O EVANGELHO DO DIA - VOL. 5

foi confeccionado em impressão digital, em maio de 2024

Conhecimento Editorial Ltda

(19) 3451-5440 — conhecimento@edconhecimento.com.br

Impresso em Luxcream 80g - StoraEnso